全国高校就业创业特色教材课题研究成果
教育部学生服务与素质发展中心组织编写

大学生就业指导概论

DAXUESHENG JIUYE ZHIDAO GAILUN

主编　麻　力

图书在版编目(CIP)数据

大学生就业指导概论 / 麻力主编. -- 西安 : 西安交通大学出版社, 2024.8

ISBN 978-7-5693-3785-3

Ⅰ.①大… Ⅱ.①麻… Ⅲ.①大学生-职业选择-概论 Ⅳ.①G647.38

中国国家版本馆 CIP 数据核字(2024)第 097509 号

大学生就业指导概论

主　　编　麻　力
策划编辑　王斌会
责任编辑　张　娟
责任校对　李嫣彧
封面设计　任加盟

出版发行　西安交通大学出版社
（西安市兴庆南路 1 号　邮政编码 710048）
网　　址　http://www.xjtupress.com
电　　话　(029)82668357　82667874(市场营销中心)
(029)82668315(总编办)
传　　真　(029)82668280
印　　刷　西安五星印刷有限公司

开　　本　787mm×1092mm　1/16　**印张**　12.625　**字数**　160 千字
版次印次　2024 年 8 月第 1 版　2024 年 8 月第 1 次印刷
书　　号　ISBN 978-7-5693-3785-3
定　　价　49.00 元

如发现印装质量问题,请与本社市场营销中心联系。
订购热线:(029)82665248　(029)82667874
投稿热线:(029)82668525

目录

CONTENTS

第一章　就业形势与政策

第一节　审时度势——认清就业形势与环境

就业是民生之本，是人民改善生活的基本前提和基本途径，其中，大学生就业更是就业工作的重中之重。教育部数据显示，2023 年高校毕业生规模达 1158 万人，当前，大学生就业形势较为严峻。习近平总书记指出："我们要辩证认识和把握国内外大势，统筹中华民族伟大复兴战略全局和世界百年未有之大变局，深刻认识我国社会主要矛盾发展变化带来的新特征新要求，深刻认识错综复杂的国际环境带来的新矛盾新挑战，增强机遇意识和风险意识，准确识变、科学应变、主动求变，勇于开顶风船，善于转危为机，努力实现更高质量、更有效率、更加公平、更可持续、更为安全的发展。"[1]

调查发现，我国大学生中存在就业难、就业质量有待提高等问题，同时就业的稳定性处于较低水平，大学生的就业期望与实际就业岗位之间存在较大偏差，就业匹配度低[2]。而上述就业难现象的出现既与就业市场环境和产业结构变迁等外部因素有关，也与大学生自身工作搜寻能力不足和就业综合素质不高等内部因素有关。作为一名新时代的大学生，审时度势，认清就业形势与环境，预先规划并合理调整个人的职业生涯与期望，提升就业能力，对于自身和社会的发展尤为重要。

一、经济新常态下我国就业形势的变化

经济新常态是以习近平同志为核心的党中央对国内外经济发展趋势作出的准确判断和深刻把握。在全球背景下，国际金融危机带来的外部风险已经为我国经济发展敲响了警钟。改革开放以来，我国经济经过四十多年的高速增长，在收获巨大改革"红利"的同时也累积了一系列深层次的结构性问题，与此相伴随的便是劳动力供求问题矛盾和就业结构性矛盾并存[3]。2014 年中央经济工作会议指出，"我国经济正在向形态更高级、分工更复杂、结构更合理的阶段演化，经济发展进入新常态，正从高速增长转向中高速增长，经济发展方式正从规模速度型粗放增长转向质量效率型集约增长，经济结构正从增量扩能为主转向调整存量、做优增量并存的深度调整，经济发展动力正从传统增长点转向新的增长点"[4]，处于增长速度换挡期、结构调整阵痛期、前期刺激政策消化期"三期叠加"的新阶段。这些现实情况对就业的影响主要体现在以下三个方面：一是经济增速换挡，新增就业岗位减少。随着经济增速变缓，我国经济发展逐渐转向追求质量的提高，对劳动力的素质要求也越来越高，就业水平不高的大学生就会面临被淘汰的风险。二是经济结构调整，结构性失业增加[3]。结构优化是经济新常态的另一特征，同时也是一把"双刃剑"。一些经济学理论证明，产业结构演进会导致"结构性失业"，特别是当经济结构调整与就业问题重合时，这种相关性更会急剧增长[5]。三是经济增长动力转换，劳动力市场竞争加剧。在经济新常态化下，我国经济增长动力发生转换：由原来的要素驱动和投资驱动转为创新驱动；由原来的依靠出口、投资、消费拉动增长，转为主要依靠

制度变革、结构优化和要素升级拉动经济增长；由以往的依靠外需转为主要依靠内需；由主要依靠政府投资转为主要依靠社会投资；等等。随着市场在资源配置中的作用不断提升，创新驱动对高素质人力资源的要求持续增加，总体劳动力素质偏低的现状和高素质、高技能专业技术人才的缺乏成为创新型国家建设的阻碍，也客观上增加了就业市场的竞争压力。

二、新就业模式与形势

如今，依托于信息网络技术，伴随着数字经济平台而产生了新的工作组织形式，由该工作组织形式衍生出来的一种普遍性的灵活式、分散式就业模式就是新就业模式[6]。其有三个非常明显的特点：第一，工作组织方式发生了变化，出现了一种依托网络平台而产生的灵活、分散的组织方式；第二，劳动者与工作岗位的结合方式发生了变化，由此衍生出新的依托于平台的劳动关系，其中一种是自雇（创业），另一种是较为有弹性的平台雇佣关系；第三，工作状态发生变化，在时间和空间上更具灵活性，并且新就业模式与传统就业模式相比存在明显的差别，具体表现为更加灵活多变的工作状态。新就业模式克服了商品市场信息不对称问题，降低了创业的资本投入门槛，提升了劳动力市场的匹配效率。从发展现状来看，新就业模式提供了规模巨大的工作岗位，根据中国人民大学劳动人事学院课题组的研究，截至2022年，平台经济能够提供1亿个以上的工作岗位。从行业结构来看，零售业占比最高，高达五成以上。一方面，直接提供的就业机会为“稳就业”作出了突出贡献；另一方面，数字经济平台通过提高工作效率，增加经济活动总量，进而增加了劳动力需求。

总体来说，党和政府高度重视就业工作，大学生就业仍然有广阔的天地和明显的有利条件。从建设人力资源强国的战略出发，党和政府对高校毕业生就业十分重视，每年根据不同的就业形势出台一系列相应的政策措施，为引导协调毕业生就业提供有力的保障，各级政府有专门的就业服务机构，各高校也都建立了毕业生就业指导服务体系，为毕业生就业创造一个良好的就业环境；针对结构性就业难的矛盾，高校也有相应的教学改革，诸如校企合作等多种以市场为导向的教学模式的确立，努力缩短市场需求与高校教学之间的距离。

第二节　明晰政策——发挥就业政策导向作用

21 世纪是知识经济的时代，知识经济开始占据国民经济的主导地位，对人才的要求逐步打破传统的模式，呈现出新的特点。体力劳动脑力化和专业职业化使得部分职业或职位对就业者的要求发生转变，社会迫切需要掌握多类新技术的复合型人才。国家政策对于大学生就业创业和人才成长具有引导性和保障性作用，国家出台了一系列就业创业政策，以促进高效稳健的大学生就业保障机制的形成，努力实现高校毕业生更高质量和更充分的就业。

一、高校毕业生就业政策变化情况分析

（一）国家分配阶段：1949—1984 年

新中国成立后，我国实施高校毕业生国家分配的就业政策，这一阶段国家建设急需大量优秀人才，毕业生数量少，在供不应求的时代背景下，国家

分配政策能保证优秀人才更好地服务于国家经济发展和社会建设。

(二)供需见面、双向选择阶段:1985—1997 年

为满足经济和社会发展对高层次人才的需求,调动毕业生和用人单位的积极性,在国家制度安排下,逐渐形成了供需见面、双向选择的就业模式。随着市场经济的发展,特别是招生并轨后,我国逐渐形成系统的信息网络,并加强对就业市场的监管和毕业生的就业指导,形成了兼顾国家利益和个人发展的人才配置方式。

(三)自主择业阶段:1998—2023 年

自主择业是毕业生就业政策由国家主导向市场主导模式转变的结果。自主择业阶段的市场导向体现为市场经济对毕业生就业能力要求日益提高,高校成立专门的就业机构,进行就业培训和指导,提高毕业生的就业技能。从政策工具角度来看,党和政府不仅重视人才培养,同时也对就业指导服务给予积极关注[7]。

二、我国大学生现阶段就业政策特点

(一)国家的宏观调控

2021 年 8 月 23 日,国务院印发的《“十四五”就业促进规划》提出了“拓宽高校毕业生市场化社会化就业渠道”和“强化高校毕业生就业服务”两项举措以促进高校毕业生多渠道就业创业。2022 年 5 月 13 日,国务院办公厅印发《关于进一步做好高校毕业生等青年就业创业工作的通知》提出了“将帮扶困难高校毕业生就业作为重点,明确目标任务,细化具体举

措，强化督促检查。各有关部门要立足职责，密切配合，同向发力，积极拓宽就业渠道，加快政策落实”。2022 年 6 月 30 日，人社部、教育部、民政部联合印发《关于做好高校毕业生城乡基层就业岗位发布工作的通知》提出“广开基层就业门路”“强化跟踪服务保障”等举措，稳步推进高校毕业生基层就业工作。2022 年 10 月 16 日，习近平总书记在中国共产党第二十次全国代表大会上提出：“实施就业优先战略。就业是最基本的民生。强化就业优先政策，健全就业促进机制，促进高质量充分就业。”[8]

（二）市场机制促进就业

解决就业问题，根本出路在市场，要充分发挥市场配置人才资源的基础性作用。随着我国经济改革的不断深化，市场管理和配置人才的功能不断完善，市场机制在促进人才合理流动中发挥着重要作用。市场就业制度在以下方面作用凸显：将劳动力纳入市场，使劳动力市场成为沟通劳动力供需双方的渠道；劳动力供需双方直接见面、互相选择，并以合同方式维系双方关系；劳动者在国家法律许可的范围内，自己开创事业，国家给劳动者提供优惠政策，并创造宽松的经营环境。近年来人才市场也发展迅速，已经实现了利用计算机存储、检索人才信息，并与全国各地的人才服务机构相互链接，实现资源共享、信息互动，拓展服务领域，为广大求职者搭建更为广阔的人才服务平台。现如今网上求职已成为毕业生的主要求职方式。

（三）劳动者自主择业

在市场经济条件下，劳动力是一种商品。大学毕业生也是劳动力，所以在就业时需要遵守市场规律、价值规律。学校教育能够在一定程度上保证学生的知识素养和技能训练，但如何利用所学技能实现良好就业的密码还是掌握在学生自己手中。

总之，面对复杂的就业环境与全新的就业形势，当代大学生在求职过程中需要从思想上先纠正已有的认知误区，再通过收集丰富的就业信息与就业渠道来分析当下的就业环境与国家政策，正确认识当前的就业形势，科学地开展职业生涯规划，充分认识自我、找准定位、树立正确的就业观，借助各级政府、学校与企业共同搭建的平台，积极投身国家重大战略、重点项目和基层项目，为自己高质量就业奠定坚实的基础。

本章参考文献

[1] 习近平. 在经济社会领域专家座谈会上的讲话[N]. 人民日报，2020-08-25(01).

[2] 周文霞，李硕钰，冯悦. 大学生就业的研究现状及大学生就业困境[J]. 中国大学生就业，2022(07):3-8.

[3] 姚传禹. 新经济形势下贸易发展促进高校创业就业：评《充分就业与自由贸易》[J]. 国际贸易，2021(05):98.

[4] 中央经济工作会议在北京举行 习近平李克强作重要讲话[N]. 人民日报，2014-12-12(01).

[5] 蔺思涛. 经济新常态下我国就业形势的变化与政策创新[J]. 中州学刊，2015(02):82-85.

[6] 赵青. 互联网平台灵活就业群体的社会保障困境与制度优化路径[J]. 中州学刊，2021(07):96-102.

[7] 卢晓梅，张继平. 我国大学生就业政策分析与建议：渐进决策视阈的政策物语[J]. 黑龙江高教研究，2010(09):1-4.

[8] 习近平.高举中国特色社会主义伟大旗帜 为全面建设社会主义现代化国家而团结奋斗:在中国共产党第二十次全国代表大会上的报告(2022年10月16日)[N].人民日报,2022-10-26(01).

第二章　就业市场与信息收集

第一节　就业市场

一、就业市场的内涵、发展及新变化

（一）就业市场的内涵

就业市场由人力资源供给、人力资源需求和供需双方的交换三个方面构成，是在市场经济条件下运行的人力资源配置市场。它是按照市场规律对人力资源进行配置调节的一种机制。就业市场针对一般劳务人员、大学毕业生和用人单位提供政策咨询、就业指导、供需洽谈、能力提升、创业培训等服务，是求职择业者求职和用人单位招聘的主要场所。就业市场在协调需求和供给的过程中运行，供求机制、薪酬机制和竞争机制是调节就业市场供求关系的主要机制。相较于一般的商品市场，就业市场有以下特征[1]：

（1）劳动者只能被雇佣或租借，劳动者本身不能被买卖。

（2）劳动者对劳动力拥有不可动摇的所有权。

(3)就业市场的交易活动受多种因素的影响。

(4)劳动者在市场上往往处于不利地位。

(5)就业市场或多或少存在各种歧视。

(二)就业市场发展历程

我国的就业市场是在国家宏观调控指导下,有计划、有组织、有目的地培育和建立起来的,并且伴随着我国劳动人事制度和大学毕业生就业制度的发展和改革不断完善。

20 世纪 80 年代中期以前,国内没有就业市场这个概念,最初是叫劳务市场。比如中国人民大学劳动人事学院成立于 1983 年,这个学院的名称就反映了那个时代的特点。随着经济体制改革的不断深入,生产力各要素相继进入市场,推动了劳动就业制度的进一步改革。1986 年,国务院发布了《国营企业招用工人暂行规定》,其中包含了与企业招录工人与辞退工人相关的各种规定,促进企业面向社会招收工人,并对应聘者进行综合考核、择优录用。该规定明确了录用工人要首先签订劳动合同,为劳动关系的建立提供了法律保障,并允许企业在发现招用的工人不符合招工条件时,可以解除劳动合同。这个规定的出台,从一定程度上把企业和劳动力推向了市场。与此同时,各地方劳动部门也相继成立了融行政管理与就业服务于一体的就业服务机构。1992 年,邓小平同志南方谈话中提出要建立社会主义市场经济体制,同年,国务院颁布了《全民所有制工业企业转换经营机制条例》,赋予企业用人自主权,企业可以自主决定需求岗位的数量、条件以及招录的方式、时间等,国家只是进行宏观调控。1993 年,党的十四届三中全会正式提出培育和发展“劳动力市场”的目标。随后的发展过程中,更多具有高学历、高技能的专业技术人才进入就业市场,一定程度上提高了就业市场的层次,各地区也出现了专门为高层次人才提供就业服务的人才市场。2008 年

1月1日开始施行的《中华人民共和国就业促进法》第三十二条规定“县级以上人民政府培育和完善统一开放、竞争有序的人力资源市场，为劳动者就业提供服务”，这是我国劳动法律文件首次提出人力资源市场概念。同时，在我国高等教育事业快速发展的背景下，大学应届毕业生数量屡创历史新高，大学生就业市场日益壮大，发挥了越来越重要的作用。至此，我国的就业市场形成了劳动力市场、人才市场、大学生就业市场并存的格局。

（三）就业市场新变化

近年来，随着国内经济结构转型和国际复杂局势影响，我国就业市场正在悄然发生着变化。

1. 就业市场供给力下降

根据国家统计局2021年的数据，与2010年相比，我国16岁至59岁劳动年龄人口减少4000多万。同时，劳动参与率也发生了一些变化，最主要体现在两个方面。一是老年劳动力劳动参与率低。55岁以上劳动力被称为老年劳动力，因为这个年龄段接近退休，所以劳动参与率比较低。二是青年劳动力进入劳动力市场晚。随着高校招生规模扩大，接受高等教育的人也在增多，相应推迟了青年劳动力进入劳动力市场的时间。

2. 互联网平台快速发展

传统就业的本质是雇佣，就业即指被雇佣，失业是指没有被雇佣。传统就业，是一个企业（雇主）跟一个劳动者（雇员）签署一个合同，由单个企业面对市场。如今的平台型就业，是很多人跟某个平台建立业务联系，通过平台面对市场，这就突破了空间和时间限制，增加了就业的灵活性、自主性，突破了传统雇佣关系的束缚。最典型的平台就是互联网电商平台[2]。

3. 结构性矛盾较为突出

就业领域的结构性失衡,是指劳动力要素在国民经济各部门与产业间的配置不平衡。主要表现在以下四个方面:一是城乡区域结构失衡。这表现为不同区域对劳动力的需求差距较大。二是产业结构失衡。这表现为第二、三产业的就业量占全部就业量的比重依然偏低。三是收入结构失衡。这主要体现在一些劳动者工资水平不高、部分劳动者权益保障尚不到位、不同行业之间的收入差距扩大等。四是劳动力素质结构失衡。这主要表现为技能人才尤其是高技能人才短缺的现象长期存在,技术工人、高技能人才占就业人员的比重较低,创新人才供给缺口不断加大[3]。这种结构性失衡在相互叠加、相互作用下,会对全社会的就业乃至整个经济社会系统产生不利影响。

二、大学生就业市场的特征与分类

大学生就业市场是在国家政策宏观调控下,以为学校、毕业生和用人单位服务为宗旨,以建设公益性、示范性、专业性、常设市场为目标,以高校校园市场为基础的、完善的毕业生就业市场体系[4]。同其他就业市场一样,大学生就业市场也是在市场经济体制运行下,遵循市场导向,遵守国家法律、法规以及相关政策规定,坚守公开、公正、平等、竞争、择优及诚实守信的原则,优化配置大学毕业生资源,为大学毕业生和用人单位提供求职、招聘及政策咨询、就业指导、洽谈交流、能力提升等就业综合服务的专业化市场,是用人单位招聘和毕业生求职的主要场所,也是高校毕业生求职过程中涉及各类社会关系的总和。

大学生就业市场的服务对象主要是各普通高等学校、成人高校的毕业生与各行各业的用人单位。各级人才服务中心及学校就业工作领导小组

（或协调机构）是本级毕业生就业市场的主管部门，负责相应级别大学生就业市场的建设规划、统筹管理、组织协调、服务监督。

高校毕业生是我国人力资源的重要组成部分。现阶段，随着大学毕业生就业形势的日趋复杂，各地方政府和高等院校都在强化举措，积极强化大学生就业市场建设，不断完善和健全就业服务，充分发挥大学生就业市场作为大学生求职就业主渠道的作用。根据西部S省某重点本科院校发布的《2021届毕业生年度就业质量报告》相关数据分析得出，该校2021届签约就业的毕业生中，在校内就业市场中被录用的比例超过了80%。

（一）大学生就业市场的特征

相较于其他就业市场，大学生就业市场有其独特的属性，具体表现在以下几个方面。

1. 专属性

大学生就业市场是专门为高校毕业生打造的专属就业市场，面向的求职对象为各类高等院校毕业生，为毕业生高质量的充分就业服务。大学生就业市场有着明显的针对性，提供精准、精细的就业服务，大大提升了毕业生的就业签约成功率。

2. 社会性

就业是重要的“民生工程”“民心工程”“根基工程”。随着我国高等教育改革的深入，大学毕业生人数逐年增多。大学毕业生的就业问题关系着千万家庭的幸福，更关系着社会的安全稳定，成为社会各界关注的热点问题。由此可见，大学生就业市场的存在有着极其重大的社会意义。

3. 规律性

大学应届毕业生求职有着较为显著的时间规律，时效性较强，有着“金九银十”“金三银四”的说法,也就是在每年的 9 月和 10 月是秋季招聘高峰期,每年的 3 月和 4 月是春季招聘高峰期,在这两个时间段内,就业市场最为繁忙和火爆。

4. 集中性

校园招聘通常是以班级、专业、学校为单位开展的群体性活动,用人单位和毕业生在相对固定的时间分别招聘和应聘。特别是校际联合或者校内开展的招聘活动,集中性的特点更为突出。

5. 多样性

大学生就业市场的存在形式多种多样:既有线上的也有线下的;既有政府部门举办的,也有高校、社会机构举办的;既有大型的双选会,也有小型的专场招聘会;既有综合类的,也有分行业的;既有全国性的,也有区域性的。

(二)大学生就业市场的分类

大学生就业市场按照其表现形式可以分为线下就业市场(有形就业市场)和线上就业市场(无形就业市场)。

1. 线下就业市场

线下就业市场是指市场组织者确定某一时间将用人单位和毕业生组织在某一固定的场所举办招聘活动,如毕业生招聘会等。线下就业市场按照不同的分类标准又可以分为以下几类。

(1)按照主办方来分类。

①高校自主举办的就业市场,是指高等院校针对本校毕业生的就业流向特点和求职需求,邀请重点合作单位进校开展的小型专场招聘会、组团专场招聘会、大型双向选择洽谈会等招聘活动,主要服务于本校学生。

②校际联办的就业市场，是指为了满足不同层次、不同专业毕业生的求职需求以及不同规模、不同行业的用人单位的招聘需求，增强就业市场的服务效能，两所及两所以上高校强强联合或者强弱联合举办的各类招聘活动。

③用人单位举办的就业市场，是指用人单位为了更好地吸引人才，增强招聘实效，同时作用于自身品牌建设、提升社会美誉度，结合岗位需求开展的招才引智推介会、专场招聘会、人才需求说明会等。

④政府举办的就业市场，是指由政府主管部门或者人才服务中心举办的人才市场。这种类型的就业市场定期或者不定期地为高校毕业生举办招聘活动、提供就业创业实践活动、开展各类就业能力提升培训、开展就业政策咨询等。

⑤社会性就业市场，是指政府人事代理机构或者人力资源公司常设或者临时性设立的就业服务场所。类似于政府开办的就业市场，提供毕业生求职、用人单位招聘、就业创业能力培训、政策咨询等服务。

（2）按照举办类型分类。

①区域性就业市场，是指某一地区为了吸引人才在区域内就业，服务于地方经济发展，由当地组织部门或者人力资源主管部门开办的就业市场。

②行业性就业市场，是指根据不同行业发展需要和毕业生求职需求，为提升招聘活动的精准性而开办的具有行业属性的就业市场。

③分层次就业市场，是指为了满足专科生、本科生、研究生等不同学历层次毕业生差异化的求职需求而开办的就业市场。

④分类别就业市场，是指结合理、工、农、医等不同专业类别毕业生就业特点和求职需求开办的就业市场。

2. 线上就业市场

线上就业市场是指利用信息化技术，招聘方在互联网等线上渠道开展招聘活动,应聘者通过互联网等线上渠道获取岗位需求信息、在线投递简历,甚至利用视频面试等方式完成求职就业的就业市场。

线上就业市场不受时间、空间限制,毕业生依据自身特点和职业发展规划选择合适的岗位,不但可以在线上完成初步的岗位筛选和简历投递,也可以与用人单位通过互联网在线交流,节省了物力、财力,还在一定程度上提高了求职效率。线上就业市场虽然没有具体的地点和固定场所,看似无形,实际上是客观存在的,并且实时存在于用人单位和毕业生之间。

基于此,各高校强化就业工作信息化建设,完善学生就业信息网功能,优化就业系统模块,开发移动终端应用程序,健全"一网一群一平台"建设,不少高校还打造了"线上面试间""线上就业超市",确保毕业生在线上即可享受优质、安全、可靠、低成本的线上就业服务。各地政府主管部门也大力开发线上服务平台,根据用人单位和毕业生需求开展各类线上招聘活动、就业指导、政策咨询,确保"就业服务不断线",比如教育部大力推广的"国家24365 大学生就业服务平台"就受到广大毕业生好评。不少用人单位也积极自主打造线上招聘平台或者依托第三方线上平台开展线上招聘,大大节约了招聘成本。

现阶段,线上就业市场按照主办机构不同主要分为以下几类。

(1)政府部门的线上平台,比如人力资源和社会保障部主办的"中国公共招聘网",陕西省高等学校毕业生就业服务中心主办的"陕西省学生就业与留学服务中心"等。

(2)各高校自主开发的线上平台,比如各高校开发的就业信息网、就业微信公众号、就业 QQ 群、App(应用程序)等。

(3)社会第三方服务平台,比如智联招聘、前程无忧、猎聘网,以及政府和高校以外的其他社会组织开发的各类就业公众号、App 等。

三、大学生就业市场的作用及机遇

(一)大学生就业市场的作用

1. 市场配置作用

大学生就业市场能有效实现对高校毕业生这一宝贵人才资源的合理配置,促进人才的合理流动,达到人尽其才、人岗匹配的根本目的。大学生要依据人才价格信息、个人能力和职业兴趣、人才竞争的激烈程度等因素来选择岗位。用人单位则是根据岗位需求、经营业绩和行业薪酬等信息来决定如何制定招聘计划。大学生就业市场就是依靠市场竞争机制,通过供求规律、价值规律等基本规律最终决定人才的组合与配置。目前,大学生就业市场已经成为高校毕业生成功求职的主要渠道。

2. 市场导向作用

大学生就业市场中毕业生的就业情况能相对直观地反映专业的社会需求情况和社会认可度,也可以衡量高校教育教学质量,并考察高校人才培养方向是否正确。高校通过就业市场的趋势和形势变化,进一步健全专业建设和监测管理机制,推动就业状况与学科专业设置、招生计划制定三方面工作联动,实现“招生—培养—就业—发展”的良性循环,并围绕学校办学定位,坚持需求导向,主动服务国家战略和区域经济社会发展需要,有重点、有针对性地发展紧缺专业,动态调整区域间、学科专业间的招生结构,促进人才培养结构与社会需求相适应。同时,大学生就业市场的变化也为相关部门制定和调整高校毕业生就业服务政策提供了重要的参考依据。

3. 市场调节作用

大学生就业市场是在公平竞争的机制下运行的,强调的是优胜劣汰,注重的是核心就业竞争力。毕业生对自身认知不足、对未来就业情况不确定、对就业信息掌握不充分等均会导致其择业时无法实现最优决策，从而造成在就业中走弯路。大学生需要及早开展职业生涯规划，将职业生涯发展按阶段、就业去向等进行细分，了解用人单位的相关制度、工作内容与职位情况，尽早树立职业规划的意识，以便能准确定位自己，系统地、科学地设计职业发展道路，调整目标方向，调节求职预期，有规划地参加就业能力提升实践活动，提升求职就业的积极性，增强竞争意识，在就业市场中掌握主动权。

（二）大学生就业市场的机遇

根据“十四五”时期的经济发展趋势，大学生可以简单梳理一下部分热点行业的发展给大学生就业市场带来的新机遇。

（1）后疫情时代，随着中国经济的不断复苏，居民消费及服务业将对经济发展发挥更大的作用，零售消费将成为中国经济发展的重要基础，直播电商、私域流量、免税经济等新经济形态蓬勃发展，中国品牌崛起正当时，本地生活服务迎来更多发展机遇。

（2）“十四五”期间，在以5G、工业互联网、大数据中心等为代表的新基建的带动下，制造业必将迎来新一轮的转型升级。以汽车行业为例，未来以电动化、智能化、网联化、共享化为趋势的汽车“新四化”将重塑行业格局。

（3）“十四五”规划高度重视新能源的发展，加快推动绿色低碳发展，提升能源清洁、低碳、安全、高效利用，积极打造智慧能源，大力发展可再生能源，可再生能源发展前景良好。

（4）全民生活水平提高，对健康越来越重视，医疗和生命科学产业前景广阔，数字医疗产业迎来发展机遇，创新医疗器械企业将迎来高增长红利，中医药行业发展长期向好。

（5）“十四五”规划中多次提及“保险”，个人储蓄型养老保险（商业养老保险）作为养老保险的第三支柱加快发展，健康险需求快速增长并且更加多元化，巨灾风险保障亟须填补空白，等等，保险业将成为提升民生保障水平的重要发力点。

以上这些行业发展新趋势，必然为大学生就业市场发展带来新的机遇。

第二节　就业信息

一、就业信息概述

（一）就业信息的概念

就业信息是指通过各种媒介传递的与就业有关的、具有利用价值的消息和情况，既指宏观方面的就业政策、就业制度、经济发展形势等，又指微观方面的劳动用工制度、干部人事制度、劳动力供需基本情况等。在劳动力市场化的情况下，就业信息是求职的基础。大学生收集到的职业信息越广泛、质量越高，择业的视野越宽阔，求职成功的可能性就越大[5]。

就业信息是需要一定的加工整理的资料和情报，一经公开发布便在一定时间期限内处于流动和传递的状态。

（二）就业信息的分类

按照性质来分，就业信息可分为广义的就业信息和狭义的就业信息。广义的就业信息是指高校大学生在学习、生活的过程中接收到的与职业有关系的信息；狭义的就业信息是指高校毕业生在求职季获取的对成功就业有价值的信息。

按照获取途径来分，就业信息可分为外部信息和内部信息。其中，外部信息是指毕业生通过各种外部渠道获取的用人单位的岗位需求、就业形势等信息；内部信息是指毕业生通过分析自身特质、挖掘内在潜力，评估自身职业兴趣和求职目标后得出的结论。

按照内容来分，就业信息可分为形势政策信息、行业发展信息、岗位需求信息等。

按照形式来分，就业信息可分为口头信息、书面信息、网络信息等。其中，口头信息是指通过人与人之间的交流互动获取的信息；书面信息是指通过书面资料等获取的信息；网络信息是指通过互联网以及各类新媒体终端媒介获取的信息。

按照信息真伪来分，就业信息可分为真实信息和虚假信息。信息的真实可靠是成功求职的基础，但目前仍有部分不良社会机构发布虚假信息，误导求职者。

按照作用来分，就业信息可分为有效信息、低效信息和无效信息。信息是否有效，要根据求职者的实际情况来判断。比如招聘工程技术类岗位的信息对于人文社科类专业的学生来说就是低效的，甚至是无效的。

（三）就业信息的特点

1.时效性

就业信息一般都是在一定的时间期限内有效的，超过期限便成为无效信息，因此就业信息有着显著的时效性。这就要求大学生在关注、收集就业信息时，一定要关注它的时间节点，确保就业信息的有效性。

2. 真伪性

在信息大爆炸的时代，海量的就业信息经过不同的渠道和媒介在大学生中传播，质量参差不齐、真伪难辨，如果不加以斟酌筛选，往往会陷入误区，甚至上当受骗。所以，需要关注正规的就业信息来源渠道，养成冷静分析、客观判断就业信息的良好习惯。

3. 相对性

不同的就业信息指向不同的目标群体。就业信息一般会对岗位需求的学历层次、专业方向、基本技能等作出明确要求，也就是就业信息必须能够说明它所面向的对象，以及该对象应该具备的基本条件。同样一条就业信息对部分求职者来说非常有价值，但对于另一部分求职者来说可能没有意义。因此，就业信息的有效性是相对的。

4. 竞争性

就业信息可以通过不同的载体进行广泛传播，社会各界都可以获取和使用，这也就意味着满足岗位需求的有意向的求职者都可以享用，这就必然造成就业信息的竞争性，也符合就业市场“优胜劣汰”的法则。因此，通过多种途径提升自己的就业核心竞争力，是有效利用就业信息的基础。

二、就业信息的内容

就业信息的内容非常广泛，主要包括就业政策信息、就业形势信息、招聘岗位信息等[6]。

（一）就业政策信息

1. 国家就业政策

了解国家的就业方针、就业政策以及相关的法律法规是高校毕业生实现高质量充分就业、保障自身合法权益的前提。近年来，党中央、国务院为了促进高校毕业生就业，进一步推动大学生就业的市场化，优化人力资源配置，不断完善和出台多项高校毕业生就业政策。比如，国务院 2021 年 8 月印发的《“十四五”就业促进规划》中指出，要“拓宽高校毕业生市场化社会化就业渠道”“强化高校毕业生就业服务”；2022 年 5 月国务院办公厅印发的《关于进一步做好高校毕业生等青年就业创业工作的通知》中明确要求，扩大企业就业规模、拓宽基层就业空间、稳定公共部门岗位规模、优化招聘服务、维护就业权益、稳妥有序推动取消就业报到证、推进体检结果互认等。这些国家层面的政策支持，为大学生就业市场的发展提供了保障。

2. 区域引才政策

在城市群联动和都市圈辐射的时代，人才是各城市必争的重要资源，“人才红利”成为城市经济持久发展的主要驱动力之一。尤其是年轻的高学历人才成为“人才红利”持续发挥作用的主要力量，是提高城市竞争力的重要因素。因此，近几年来各个地区相继出台了各类引才政策，吸引各层次大学生前来就业创业。京津冀城市群、长江三角洲城市群、粤港澳大湾区对于大学生极具吸引力，作为后起之秀的成渝城市群也吸引力显著。处于西部地区的陕西省依托秦创原创新驱动平台大力实施区域人才项目，支持高校、科研院所、企业等引进高层次创新创业人才和青年人才。由此可见，全国区域人才政策优渥，经济发展空间大，未来可塑性强，这对于年轻人而言意味着更多机会和选择。

3. 学校就业政策

了解所在学校就业服务的相关政策对毕业生来说也至关重要。第一，要清楚学校就业工作的主管部门，并关注该部门的官方网站、公众号等，以便及时获取有关就业指导、校园招聘、签约服务的官方信息。第二，毕业生要了解学校就业推荐表、三方协议的发放时间，以便规划自身的求职节奏。第三，毕业生要了解学校违约申请、协议书换发等相关政策，以在面对多个用人单位抛出的"橄榄枝"时进行科学、合理把握，按照规则合法合规签约，实现更高质量的就业。第四，毕业生还要了解学校各类就业计划（比如应征入伍、三支一扶、西部计划、基层选调生）以及针对创业实践的优惠政策，在实现自我价值的同时，争取学校更大力度的支持。第五，毕业生要密切关注并积极参与学校组织的各类就业能力提升培训（涉及简历制作、笔试面试等），增强核心就业竞争力，提高求职技巧。

（二）就业形势信息

1. 行业发展形势

在多重因素影响下，不同行业对应的就业岗位需求也存在较大差异。不同的毕业生有着不同的兴趣、性格、特长、价值观等，这些个人特质影响着职业发展的内在动力，也影响着工作胜任度和职业能力满足度。毕业生在选择意向行业时，要充分考虑意向行业是否和自身的特质相匹配，以达到更高的职业期待吻合度。同时，也要结合国家经济社会发展走向，科学预判意向行业未来几年内的发展趋势，紧抓国家政策红利，最大限度地将国家战略需求和个人价值实现有机统一。比如，从 2022 年智联校园发布的《春节后校招趋势报告》可以看出，高端制造业、新能源产业彰显市场活力，对专业服务人才的吸引力增速最快，医疗制药、能源环保、互联网、专业服务、农林牧渔岗位需求递增明显，教育培训、房地产、零售贸易岗位需求减幅较大，金融业基本持平。

2. 专业流向特点

多数高校毕业生毕业离校前都处于校内求学状态，社会经验和阅历相对缺乏，对于校外就业市场的敏感度较弱，可能无法客观判断意向行业的从业现状和发展趋势，也就无法及时、准确厘清自身的求职目标。随着我国高等教育改革的逐渐深入，高等院校基本具有明确的办学目标以及人才培养定位，经过多年的发展和沉淀，校内就业市场也相对成熟，这就为高校毕业生求职就业提供了便利。在校内就业市场中，用人单位对本校毕业生的认可度较高，毕业生求职成功率也会大大提高。因此，毕业生可以通过掌握学长们的就业流向信息（比如就业行业、签约单位、就业地域、薪酬待遇等），结合自身能力、兴趣、特质等在校内就业市场寻找择业目标。

（三）招聘岗位信息

1. 用人单位信息

在互联网和物联网时代，人力资源的重要性越来越受到关注，人才成为企业间竞争的重要因素，因此，企业越来越关注自己在人力资源市场上的形象，关注企业作为雇主对应聘者的吸引力，以便吸引和留住最优秀的人才。高校毕业生作为优质的人力资源，在求职过程中需要对用人单位的各类信息加以了解，以便能够在应聘环节“知己知彼，百战不殆”。用人单位的信息种类繁多，主要可以从以下两个方面关注。

（1）用人单位声望。主要包括用人单位的社会声誉、在行业内的地位、企业文化以及价值观、管理模式等。

（2）工作环境。主要包括员工的培训机制、职业发展通道、工作的整体环境、员工的归属感、工作氛围等。

2. 岗位需求信息

毕业生符合用人单位招聘岗位的基本要求是成功求职的前提。毕业生要通过对岗位需求的具体分析，判断就业信息的价值。如果明确意向，就要整合自身资源，按照用人单位的人才需求目标进行简历优化和各项求职准备，比如该岗位对实践能力要求较高，那就要梳理自己的实习实践经历并进行高标准的表达。在求职中掌握了主动权后，也需要对岗位进行进一步分析，以判断是否接受录用，可以从以下两个方面入手：

（1）工作特征。包括能否发挥自身能力，工作是否具有成就感，是否可以平衡工作和生活，是否具有挑战性等。

（2）薪酬福利。包括薪酬、机会是否公平，是否具有明确的晋升机制，是否有工资之外的福利，职业是否存在发展空间等。

三、就业信息的作用

我国大学生就业市场以市场为导向，在政府调控、高校推荐、双向选择的体制下运作。对于高校毕业生来说，准确、可靠、及时的就业信息是掌握求职就业主动权、实现个人职业理想、体现社会价值的重要基础之一。信息化是当今发展的大趋势，代表着先进生产力。就业竞争在一定意义上来说就是获取有价值的就业信息的竞争。获取的就业信息数量越多，求职的选择面就越宽越广；获取的就业信息质量越优质，求职成功的概率就越大；获取的就业信息越及时，越容易获得求职主动性。

对于就业市场中的高校毕业生来说，就业信息的作用一般包含以下几个方面。

（一）有助于享受政策利好

毕业生通过精准掌握国家就业促进政策、意向就业区域引才政策、学校就业工作制度，了解就业管理部门的工作流程和业务程序，能够在求职过程中紧抓“政策红利”，充分利用各类优惠政策，少走弯路或者不走弯路，将个人发展融入国家发展。比如：充分利用国家支持大学生创新创业的优惠政策，积极投入创业实践；利用就业地区的引才政策，及时提交认定材料，早日享受优惠政策；利用大学生应征入伍相关政策，积极投身军营、奉献国防。

（二）有助于开展职业规划

在市场经济条件下，大学生就业市场竞争日趋激烈，掌握丰富的就业信息有利于个人需求和社会需求的有机融合，也是高校毕业生职业选择的基础。丰富的就业信息是大学生求职决策的重要依据。毕业生应根据自己收集、整理的就业信息，针对岗位的具体需求，及时补齐短板，强化知识储备，提升就业能力，增强就业竞争力，以免面对就业机遇时因个人能力不足造成遗憾。同时，毕业生通过分析就业形势、个人特质等信息，有利于正确评价自我，确定合理的就业预期，并在求职过程中及时调整择业目标，避免眼高手低、不切实际。

（三）有助于激发学习主动性

有效地利用就业信息可以提升高校毕业生的学习目的性、自觉性和主动性。目前，不少大学生对于所学专业与未来职业之间的关系认识不清，不了解培养方案中各门课程的实践意义与应用价值，缺乏学习的内在动力。大学生通过对就业信息的掌握，对就业市场中人才供求变化情况和社会对从业人员的素质要求的分析与研究，通过对未来可能从事的某些具体职业的特点、岗位能力标准的思考与预测等,可以使自己进一步明确学习目的,认识到学习的重要性。

(四)有助于调整职业目标

规划好的职业目标并不是不能调整的,职业目标可以动态调整,并且及时调整职业目标往往是很重要的。在多重因素影响下,就业市场中的信息是流动、变化的。如果原来确定的职业目标的生存与发展条件发生了变化,职业目标就必须随之变化,进行相应的调整和修正,而不能盲目固守原有的目标和求职形式。对就业信息进行管理,主要依靠信息反馈,大学生可以根据实践过程中的具体情况,即根据客观形势的变化和自身条件权衡利弊,重新规划职业目标。

第三节　收集渠道

毕业生的就业竞争力不仅体现在理论知识、实践能力、综合素质等方面,也取决于个人所获取的就业信息的质与量及对信息的收集、筛选、使用的能力。毕业生只有通过各种渠道及时、全面、准确掌握各类就业信息,并加以分析整理,最终作出合理判断,才能为高质量就业打下坚实基础。

一、信息收集的原则

收集就业信息是毕业生求职就业前的重要准备工作,既要做到高质量准确无误,又要符合自己的实际情况,这就要求毕业生在收集就业信息时应遵循一定的原则，明确择业方向，不能无的放矢，要切合自身实际，反对脱离自己的专业、自身特点等，否则就会适得其反、事倍功半。想要获取高质量的就业信息需要遵循以下几个原则。

（一）真实性原则

如今，线上求职越来越普遍，用人单位和毕业生参与度越来越高。网络求职带来了很多便利，但也有一些不良机构利用线上求职的局限性，发布一些虚假或者无效的招聘信息来吸引、欺骗求职者，达到自己的某些目的。这不仅影响着求职者的求职效率还影响着求职者的合法权益。因此，毕业生在收集就业信息时，要判断就业信息的来源渠道是否正规，通过官方平台查询用人单位的信息是否真实，并判断招聘岗位的要求是否合理、是否存在虚假成分等，以免走入误区。

（二）针对性原则

毕业生作为独立的个体，有着不同的职业预期和求职需求，因此在收集就业信息时要有针对性。目前，就业信息的来源渠道较为广泛，有的来自校内就业市场，有的来自校外就业市场，有的来自线上，有的来自线下，还有的来自社会关系等。在种类繁多的就业信息中，毕业生一定要结合自身的专业、兴趣、能力、价值观等，明确所需就业信息的范围和方向，以便能够抽丝剥茧，做到有的放矢，提升就业信息的利用价值，增强就业信息的适用性。

（三）系统性原则

就业信息通常分散地分布在各种传播媒介中。这就需要求职者在针对性收集信息的基础上，将零碎的、有效的就业信息进行打包整理，然后再进一步筛选、加工，打造一个能够客观、系统反映目前就业市场变化、就业政策调整、行业发展动向、专业就业流向等信息的就业信息链条，以便为求职提供更为有效、更为可靠、更为及时的参考依据。

（四）计划性原则

毕业生要把握高校就业市场的时间节点，充分发挥就业信息的时效性，提早准备、提早关注、提早动手，有计划、有步骤地收集意向就业地区和意向单位的各类信息。同时，要有意识地强化信息的适用性，不能囫囵吞枣，要关注就业信息的具体细节，比如就业政策的适用时间、适用人群，就业举措的服务流程和适用范围，招聘岗位的各项要求及投递简历的注意事项等。

二、信息收集的渠道

大数据时代，就业服务平台种类繁多，信息来源渠道广泛，以下列举几种常用渠道。

（一）校内渠道

学校的就业主管部门是学校专门负责毕业生就业工作的常设机构，有着完善的组织机构和服务职责，与上级政府就业主管部门以及用人单位有着密切的联系，能够及时传达国家和地区的相关就业促进政策，发布用人单位招聘信息，开展各种形式的招聘活动，举办就业能力培训，提供各类业务办理服务等。无论是及时性还是可靠性，校内渠道都有着明显的优势，是毕业生获取就业信息的主要渠道。

1. 获取信息的方式

在校内渠道中，毕业生可以通过以下几种方式获取就业信息。

（1）学校就业质量年度报告。为全面系统反映高校毕业生就业工作实际，完善就业状况反馈机制，及时回应社会关切、接受社会监督，建立健全高校毕业生就业工作评价体系，2013 年《教育部办公厅关于编制发布高校毕业生就业质量年度报告的通知》发布，要求各高等院校在本校校园网、就业网、全国大学生就业公共服务立体化平台或其他媒体上发布本校毕业生就业质量年度报告。在就业质量年度报告中，毕业生可以了解到本校毕业生就业的基本情况、主要特点、相关分析、发展趋势等。其中，基本情况包括毕业生的规模、结构、就业率、就业流向等；主要特点包括促进毕业生就业的政策措施、指导服务等；相关分析主要是对毕业生就业状况的数据分析、结论总结等；发展趋势主要是对毕业生就业的趋势性研判。目前，各高校通常都会在年底发布本年度的就业质量报告，毕业生可在学校网站自行下载查看，从中了解本专业毕业生的流向特点，作为自己求职择业的重要参考。

(2)校内就业服务平台。大数据时代的到来，对各高等院校就业工作的信息化建设提出了更高的要求，绝大多数高校都建立起了“互联网 + 就业”智慧平台，打造了“一网一群一平台”。其中，就业信息网是毕业生全面了解学校就业工作的窗口，是毕业生求职就业的主要信息来源，是学校发布就业类信息公告的重点平台。就业信息网中通常包含学校的就业工作动态、特色做法、工作成效，毕业生可以从中了解学校就业工作的整体概况。校园招聘活动安排、毕业生招聘信息、实习生招聘公告等一般都是就业信息网中必不可少的模块，毕业生可以通过梳理招聘需求和招聘岗位来了解学校的就业特点，尤其是通过了解在“金九银十”“金三银四”两个校园招聘高峰期进校招聘企业的情况，客观地掌握本校毕业生的就业质量；学校就业信息网中的就业服务平台、在线服务通道、联系电话等，为毕业生打造了畅通的深入咨询渠道。各高校打造的就业信息发布 QQ 群、微信群及就业公众号等，也是目前毕业生广泛使用的信息获取平台。

(3)实习实践活动。实习实践经历是毕业生求职过程中用人单位非常看重的要素。因此，很多毕业生在求职前期通过参加学校组织的实习实践活动，或者积极应聘意向单位的实习生岗位，来提升就业竞争力。实习岗位一般情况下应和所学专业吻合度较高，在实习实践过程中，毕业生可以深入了解用人单位的企业文化和工作岗位特征，增加对就业市场、求职目标的感性认知，获取准确而全面的就业信息。实习活动也可以增进和用人单位的彼此了解。如果实习单位符合自己的求职预期，便可在求职环节“近水楼台先得月”。

(4)校内交往。大学生在校园学习、生活中接触到的师长也是获取就业信息的重要来源。有的教师因科研合作、社会兼职等情况，与行业内用人单位有着广泛接触。他们对于行业发展动态有着较为敏锐的判断，经常向他们请教有助于合理开展职业规划。毕业离校的学长也是就业信息来源的渠道之一，高校毕业生就业有着一定的“传承性”，通过和学长交流能够获取就业岗位的工作环境、晋升通道、薪酬福利、文化氛围等内部信息，这种渠道获取的就业信息往往更加“实惠”。

2. 校内渠道的优势

通过对西部S省近年来高校毕业生成功求职渠道的调研分析发现，超过80%的毕业生是通过校内渠道成功签约的。可见，校内渠道有着独特的优势，具体表现在以下几个方面。

(1)求职成本低。校内就业市场有着公益性、服务性的特点。在校内就业市场求职，毕业生在“家门口”即可享受优质的就业服务，无论是参加专场招聘会、大型双选会还是在校内平台获取就业信息都是免费的，无须车马劳顿，节省了校外求职的交通费、住宿费等。有的高校还开通了“就业直通车”服务，为毕业生校外求职提供交通便利。

(2)安全可靠。为了应对社会上的招聘乱象，学校在发布招聘会会讯和招聘信息前，本着对毕业生负责的态度，都会对用人单位的资质和真实性进行验证，对招聘信息进行安全性辨别，确保求职者的权益不受损害。同时，毕业生在校内求职，人身安全也更有保障。

（3）成功率高。用人单位在进校招聘前，一般会对学校的办学特色、专业设置、生源情况进行充分了解，以便有针对性、有目标地开展招聘活动。而且，大多数进校的用人单位有过吸纳本校毕业生的先例，对于本校学生有着较高的认可度，这就大大增加了毕业生求职的成功率。

（二）政府渠道

随着高校毕业人数屡创历史新高，大学生就业问题成为社会各界关注的热点。近年来，国家出台和完善了各类就业服务举措，确保高校毕业生的高质量充分就业。

1. 国家级就业服务平台

（1）国家 24365 大学生就业服务平台。这是由中华人民共和国教育部主管、教育部学生服务与素质发展中心运营的服务于高校毕业生及用人单位的公共就业服务平台。平台通过打造 24 小时 365 天“全时化、智能化”平台，为毕业生和用人单位提供更优质的“互联网 + 就业”服务，推动有效市场和有为政府更好结合，进一步完善高校毕业生市场化社会化就业机制。

（2）中国公共招聘网。这是人力资源和社会保障部主办的公共就业服务平台，主要发布招聘信息、招聘会信息、事业单位公开招聘信息、市场资讯等，旨在为广大求职者免费提供信息真实、内容完整、岗位有效、查询便捷的就业服务。

（3）国家大学生就业服务平台。这是由教育部主管、教育部学生服务与素质发展中心运营的面向高校毕业生与用人单位的就业服务平台。该平台联通全国服务资源，搭建高校毕业生和用人单位高效对接通道，向高校毕业生提供不间断常态化就业服务。

(4)中国国家人才网。这是人力资源和社会保障部全国人才流动中心主办的人才招聘网站。网站依照党的人才强国战略的总体要求，以人力资源和社会保障部有关合理配置人才流动政策的具体要求为指导，承担中国人力资源市场网站的建设和维护，承办和参与全国人力资源市场大型公益性网络招聘活动，组织开展网络招聘、咨询等服务。

(5)中国人力资源市场网。这是由人力资源和社会保障部人力资源市场司主办的招聘网站，是为社会各界提供全国人力资源市场网站联网平台最新招聘信息的网络平台。

以上只是简单列举了部分常用的国家级就业服务平台，随着国家对大学生就业的持续关注，政府主管部门也将开发更多的国家级就业服务平台，毕业生可以实时关注并收藏使用。

2. 各级地方就业服务平台

为了落实党中央、国务院有关"稳就业、保民生"相关工作部署，各地方就业主管部门或者教育主管部门也都出台了相应的适用于本地区的就业促进政策，开展各类招聘活动，优化各类就业服务等。一般情况下，毕业生可以通过线上和线下两种方式获取属地的就业服务信息。

(1)线上服务平台。目前，各省级教育主管部门都打造了高校毕业生就业服务平台，提供就业信息发布、就业政策咨询、就业指导课程等，为属地高校毕业生开展各项就业服务；各级人社部门也建设了线上就业服务平台，宣传引才优惠政策，发布招聘信息，吸引人才前来"安居乐业"，为当地经济发展作贡献。以下以陕西省两个线上服务平台为例：

①陕西省高校毕业生就业网。该网站由陕西省高等学校毕业生就业服

务中心主办，是面向全省普通高校毕业生的官方网站，包含了就业新闻、公告通知、就业服务、办事指南、基层就业、自主创业等模块。

②陕西人才公共服务网。该网站由中国西安人才市场、陕西省人才交流服务中心主办，包含了毕业生就业服务、大学生创业服务、人才引进服务、档案管理服务、人事代理服务、社会保险代理服务等内容。

(2)线下就业市场。各地各级人才服务机构是招聘单位和求职者沟通洽谈的重要桥梁和纽带，是为大中专毕业生服务的专业机构，也是属地就业政策的宣传者和实施者。毕业生可在政府主办的人才市场中与用人单位开展洽谈、咨询就业政策、参加就业培训等。通过这一渠道获取的就业信息的可靠性和及时性也比较高。

(三)社会渠道

1.社会服务机构

现阶段是人才竞争的时代，是互联网蓬勃发展的时代，社会上的人才服务机构紧抓风口，各类求职网站、求职 App 如雨后春笋般出现在高校毕业生的视野中。“Z 世代”* 的大学生是互联网世界的“原住民”，对于数字技术应用普遍而广泛，各类人力资源服务网站、App 也就成为高校毕业生求职择业的重要手段。

自 20 世纪 90 年代末互联网招聘模式进入中国，中华英才网、智联招聘、前程无忧等招聘网站先后在国内成立。从个人计算机(PC)互联网时代向移动互联网时代迈进的过程中，部分招聘网站逐渐沉寂，另一部分则顺势上线了专业的招聘 App。发展至今，线上招聘日益成为主流，为用人单位和

---

* Z 世代，网络流行语，也称为“网生代”“互联网世代”“二次元世代”“数媒土著”，通常是指 1995 年至 2009 年出生的一代人。

求职者提供了一个相对可以平等对话的平台。

不过,此类服务机构在监督监管方面多多少少存在问题,尤其在用户数据及隐私的使用界限方面存在一些监管漏洞。对求职者而言,轻则个人简历被贩卖给第三方网站,经受频繁的骚扰;重则难以识别虚假信息和非法信息,被诱骗后危及财产及人身安全。所以,毕业生求职时一定要慎重。

2. 社会关系资源

毕业生的高质量就业,不仅影响着个人的职业生涯发展,也关乎着整个家庭的幸福和稳定,因此就业问题是学生本人及其家人、亲朋好友关注的重要话题,社会关系渠道也就成为毕业生获取就业信息的重要来源。家人以及亲朋好友不但了解毕业生的个性、兴趣、能力,而且也很清楚他们对未来单位和岗位的期望,因此在帮助推荐岗位的时候,相对能够兼顾求职者与岗位这两方面的需求,这也使得从这一渠道获取的就业信息更为精准和有效。但是,社会关系渠道有着比较明显的差异化,不同学生有着不同的社会关系资源,有的强有的弱。对于毕业生而言,还是要通过其他渠道积极、主动地获取信息,掌握一定的主动权,不能过分依赖社会关系渠道。

三、信息筛选与运用

(一)信息的筛选

毕业生通过各种渠道所收集的原始就业信息一般比较杂乱,有相当一部分信息是毫无价值的。毕业生应根据自身的实际情况和需求,对信息去粗取精、去伪存真,有目的、有针对性地加以筛选处理,使获得的信息更具准确性、全面性和有效性,以更好地为自己的求职服务。就业信息的筛选可以从以下几个方面着手:

1. 有针对性地比较选择

在对就业信息进行筛选时，要结合个人能力、兴趣爱好、专业特长等条件，把握“没有最好的岗位，只有最适合的岗位”的原则，充分考虑岗位的职业匹配度和职业满足度，不要好高骛远、眼高手低，不切实际地与应聘岗位对号入座。就业信息筛选的首要条件是岗位与个人的适配性，而不是薪酬待遇和就业区域。只有“人岗匹配”才能“人尽其才”，才具有良好的职业发展性。

2. 多维度分析

(1)可靠性分析。通常情况下，来自政府就业服务部门或者学校就业主管部门的信息比较可靠，信息的价值也较高，来自其他社会渠道的信息，则需要进一步判断和核实。

(2)效度分析。效度分析是指对就业信息与自身的适用度进行分析，比如自身学历层次、所学专业、掌握技能是否符合岗位的基本需求，意向岗位是否在就业优惠政策的适用范围内等。

(3)内涵分析。内涵分析是指对就业信息开展进一步挖掘，以获取更多更有价值的信息。比如用人单位的社会声誉、行业地位、企业文化，以及员工归属感、工作氛围、意向岗位的工作特征与工资以外的福利等。

3. 按照内容整理分类

由于就业信息的涵盖内容非常广泛，不仅包含招聘岗位信息，还包括国家促进就业的方针政策、各地区的引才政策及学校就业服务举措等，因此需要对获取的就业信息进行分类整理。同时，要按照就业信息的重要程度进行排序：对高价值的就业信息进行保存和标记，深入思考和探究，全面掌握以便决策；对价值不高的就业信息则以参考和了解为主。

（二）信息的运用

就业信息有着明显的流动性和堆积型，经常出现之前获取的信息还未整理、分析，新的信息又“堆上案头”。因此，在信息运用时应注意多方面的问题。

1. 建立就业信息数据库

毕业生可对有效就业信息进行登记、归类，打造个人专属的就业信息数据库。在数据库中，将用人单位信息、岗位需求信息、就业政策信息、就业服务信息等分类输入，并按照收集时间进行排序，实时更新，以利于信息的查找和有效利用。

2. 发现不足及时查缺补漏

在运用就业信息之前，同学们可以根据筛选出来的信息对照自身的实际情况，查找短板，并根据就业信息需求及时调整自身的知识结构，及早、主动地加强学习，强化相关方面的训练，弥补不足，并有针对性地优化简历设计。

3. 提早筹备及时行动

就业信息有着较强的时效性，为众多求职者共享，一旦锁定有价值的就业信息，就需要快速行动，及时主动联系用人单位，按照要求投递简历并与招聘人员保持持续沟通，在时间线上牢牢抓住主动权，以免“夜长梦多”。

4. 需要避免的误区

（1）盲目跟风。盲目跟风也就是从众行为，体现为在整个过程中缺乏个人主见，人云亦云，不能切合自身实际条件合理判断和行动。

（2）盲从行为。对于就业信息的来源渠道和真实性不加以判断，轻易听信,不进行筛选分析就轻易作出选择。

(3)举棋不定。陷入海量信息的旋涡中不能自拔,举棋不定,在眼花缭乱的岗位需求中,左思右想,犹豫不决,很容易延误时机,最后竹篮打水一场空。

(4)急于求成。部分毕业生因为缺乏就业自信,获取就业信息后,不判断信息是否真实可靠或者是否适合自身情况便匆忙决定,而当获取新的信息后,又开始质疑之前的选择,推翻之前的决定,大大影响了求职效率。

本章参考文献

[1] 吴国新,刘极霞. 大学生就业与创业指导[M]. 成都:电子科技大学出版社,2013:37.

[2] 曾湘泉. 平台型就业快速发展,灵活就业出现新形态:中国就业市场新变化[N]. 北京日报,2020-08-17(14).

[3] 王阳. 以扩容提质促进就业结构均衡[N]. 经济日报,2021-04-07(08).

[4] 刘万芳. 大学毕业生就业市场的形成及其职能和作用[J]. 辽宁教育研究,2007(04):102-104.

[5] 刘建中. 大学生就业指导[M]. 成都:电子科技大学出版社,2020:117-119

[6] 李建宁,邢敏. 大学生就业指导[M]. 北京:北京理工大学出版社,2017:23-24.

第三章　职业探索与选择

第一节　探索自我

职业探索与选择是人生的重要课题之一。对于大学生而言，第一份职业的选择并不是一件容易的事。职业的选择不仅仅是找到一份工作，也是个人在与职业环境的互动中，更加知道“我”想成为一个什么样的人，并且努力完成一系列任务的生命历程。本章节将帮助学生了解自我，掌握自我认知的含义与内容，理解探索自我的重要性，并掌握一些进行自我探索的基本方法，从而帮助学生树立职业生涯自我管理意识，全面培养学生自我探索的能力。

一、自我的概念

自我即一个人对自身存在的体验。它包括一个人通过经验、反省和他人的反馈，逐步加深对自身的了解。自我是一个有机的认知结构，由态度、情感、信仰和价值观等组成，贯穿人类的所有行动，并把个体表现出来的各种特定习惯、能力、思想、观点等组织为一个整体。

二、自我认知的概念

自我认知是对自己的洞察和理解，包括自我观察和自我评价：自我观察是指对自己的感知、思维和意向等方面的觉察；自我评价是指对自己的想法、期望、行为及人格特征的判断与评估。自我认知是自我调节的重要条件。

职业理想的定位，即对自己未来人生的设计以及实现目标的具体方法与途径。如未来的职业目标——一名中学语文老师；实现方法——在校努力学习专业知识，了解教师职业道德，掌握教学技能，学会运用各种教学方法，并在各种教学实践中不断提高自己，使个人具备成为一名合格的中学语文教师的基本素质。

探索自我，对自我有一个全面正确的认识与评价，才能在学习与生活中取长补短，从而控制自己、改变自己、完善自己，并能根据实际情况对自己的职业生涯作出合理的规划与调整。

张远同学是某财经大学的会计学专业毕业生，在大学期间，他学习认真刻苦，成绩优异，每年都获得校级奖学金，专业课成绩始终都名列前茅。同时，他爱好体育运动，特别是对运动品牌很感兴趣。临近毕业，面对择业，他的苦恼来了。校园招聘会上有不少和他所学专业相关的招聘岗位，待遇也不错，但又有一些运动品牌公司也到学校招聘营销人员，不少都是他特别喜欢的品牌，他对相关内容也很了解。这两类企业都向他抛来了橄榄枝，毕业在即，该如何选择，他十分纠结苦恼。

三、约哈里窗自我探索法

要想科学地认识自己，必要的时候，还需借助一些比较成熟的职业测评和评估工具，对自己的兴趣、性格、价值观及能力等进行全方位的、深层次的量化评价与分析，以更科学地、全面地认识自己，进而准确地确定适合自己的职业发展方向与目标。

约哈里窗口（Johari window）是美国心理学家约瑟夫·勒夫特（Joseph Luft）和哈林顿·英厄姆（Harrington Ingham）提出的关于人自我认识的一种理论。该理论通过“自己知道、别人知道、别人不知道、自己不知道”的不同维度（图3－1），把“我”划分为公开我、隐私我、背脊我和潜在我，公开我、隐私我和背脊我都能通过自我探索和他人评价获知，但是潜在我是真实存在，别人不知道、自己也不知道的“我”，因此潜在我是自我探索的主要内容。

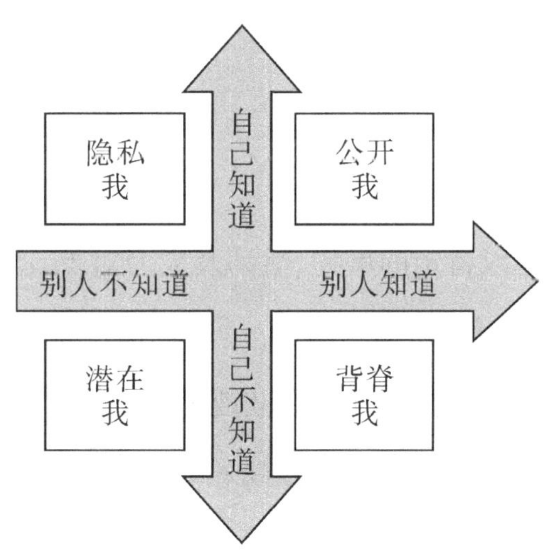

图3－1 约哈里窗口分析图

著名心理学家奥托·兰克(Otto Rank)指出,一个人一生所发挥出来的能力,只占他全部能力的4%,也就是说一个人96%的能力还未开发。控制论奠基人诺伯特·维纳(Norbert Wiener)说,每个人即便做出了辉煌成就,对大脑潜能的利用也没有达到百亿分之一。由此可见,认识、了解潜在我,是自我认识的重点之一。

做一做:

打开心里的那扇窗。

1.6~8人分成一组,围坐成一个小圆圈。

2.每人拿出一张签上自己姓名的白纸,写上自己的优缺点(每种至少三点),并将其传给自己右边的同学。

3.拿到签上别人姓名纸张的同学,请在纸上写上你对这位同学优缺点的评价(每种至少二点),写完继续向右传,直至回到各自手中。

4.请成员在小组中分享自己看到别人眼中的自己(尤其是缺点)时的感受。

四、兴趣探索

兴趣指的是个体以特定的事物、活动及人为对象,所产生的积极的和带有倾向性、选择性的态度和情绪。

职业兴趣指的是积极探究某种职业或者从事某种职业活动时所表现出来的特殊个性倾向。兴趣是职业生涯规划的内因。

职业兴趣不仅是职业选择的重要依据,也可以让求职者在参加工作后提高工作效率,充分发挥才能。同时,兴趣还是提高工作满意度、增强职业稳定性、获得职业成就感的重要因素。

美国著名心理学家约翰·霍兰德(John Holland)长期从事职业咨询工作,并于1995年首次提出了职业兴趣理论,阐述了个人兴趣与环境类型相匹配的思想。他认为,一个人的职业兴趣会极大影响职业的适宜度。当个体从事的职业与其兴趣相吻合时,就可能发挥最佳水平,易于做出成绩;反之则可能感到极不适应或者毫无兴趣,即使取得一定成绩,也难以获得成就感。他将职业兴趣分为六种基本类型:实用型(R,realistic)、研究型(I,investigative)、艺术型(A,artistic)、社会型(S,social)、事业型(E,enterprising)、事务型(C,conventional)。

同一类型的职业通常会吸引相同人格特质的人,从而产生特定的职业氛围、价值观念、态度倾向、行为模式。

兴趣岛测试:你获得了一次免费岛屿度假的机会,唯一的要求是你必须与岛上的居民一起生活至少半年的时间:①请不要考虑其他因素,仅凭自己的兴趣挑出你最想前往的岛屿。②第二会选择哪一个岛?③最不愿意选择哪一个岛?

选好之后,依次记下问题的答案。

A岛——美丽浪漫岛:岛上遍布美术馆、音乐厅,弥漫着浓厚的艺术文化气息。

I岛——深思冥想岛:岛上的居民喜好观察、学习、研究、分析,崇尚和追求真知。

C岛——现代有序岛:岛上的居民个性冷静保守,处事有条理,善于组织策划,细心高效。

R岛——自然原始岛:岛上的居民以手工见长,自己种植花果蔬菜、修葺房屋、打造器物、制作工具。

S 岛——温暖友善岛:岛上的居民个性温和,乐于助人,重视教育,关怀他人,充满人文气息。

E 岛——显赫富庶岛:岛上的居民善于企业经营和贸易,能言善辩,以口才见长。

对照每个岛屿代表的职业兴趣,你可以重新思考自己所喜欢的职业,以便在选择职业时有更清晰的方向。

选择 A 岛的人:艺术型

共同特点:有创造力,乐于创造新颖、与众不同的成果,渴望表现自己的个性,实现自身的价值。做事理想化,追求完美,不重实际。具有一定的艺术才能和个性。善于表达,怀旧,心态较为复杂。

典型职业:演员、导演、艺术设计师、雕刻师、建筑师、摄影师、广告制作人、歌唱家、作曲家、乐队指挥、小说家、诗人、剧作家。

选择 I 岛的人:研究型

共同特点:思想家而非实干家,抽象思维能力强,求知欲强,肯动脑,善思考,不愿动手。喜欢独立的和富有创造性的工作。知识渊博,有学识才能,不善于领导他人。考虑问题理性,做事喜欢精确,喜欢逻辑分析和推理,不断探讨未知的领域。

典型职业:科学研究人员、教师、工程师、电脑编程人员、医生、系统分析员。

选择 C 岛的人:事务型

共同特点:尊重权威和规章制度,喜欢按计划办事,细心、有条理,习惯接受他人的指挥和领导,自己不谋求领导职务。喜欢关注实际和细节情况,通常较为谨慎和保守,缺乏创造性,不喜欢冒险和竞争,富有自我牺牲精神。

典型职业:秘书、办公室人员、记事员、会计、行政助理、图书馆管理员、出纳员、打字员、投资分析员。

选择 R 岛的人:实用型

共同特点:愿意使用工具从事操作性工作,动手能力强,手脚灵活,动作协调。偏好于具体任务,不善言辞,做事保守,较为谦虚。社交能力欠缺,通常喜欢独自做事。

典型职业:技术性职业(计算机硬件人员、摄影师、制图员、机械装配工),技能性职业(木匠、厨师、技工、修理工、农民)。

选择 S 岛的人:社会型

共同特征:喜欢与人交往、不断结交新的朋友,善言谈,愿意教导别人,关心社会问题,渴望发挥自己的社会作用,比较看重社会义务和社会道德。

典型职业:教育工作者(教师、教育行政人员),社会工作者(咨询人员、公关人员)。

选择 E 岛的人:事业型

共同特征:追求权力、权威和物质财富,具有领导才能。喜欢竞争、敢冒风险、有野心、有抱负。为人务实,习惯以利益得失来衡量做事的价值,做事有较强的目的性。

典型职业:项目经理、销售人员、营销管理人员、政府官员、企业领导、法官、律师。

不要把六种兴趣类型割裂,它们不是彼此独立,而是相互关联。霍兰德用六边形模型来表示这六种类型间的关系(图 3-2)。

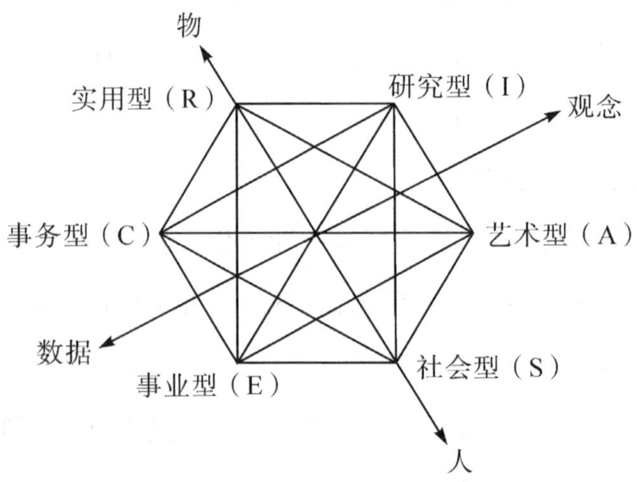

图3－2　霍兰德六边形模型

他认为这个六边形模型表现出这样的规律性：R、I、A、S、E、C按顺时针排列形成环形；每两种类型之间有三种关系，即相邻、相隔和相对；相邻职业兴趣类型间的相关性最大，相隔职业兴趣类型间的相关性次之，相对职业兴趣类型间的相关性最小。

相邻两个角之间在各种特征上最接近，相关程度最高，这种关系叫相邻关系。最理想的职业选择就是个体选择与其个性类型相一致的职业环境。例如，研究型的人在研究型环境中学习和工作，即达到“人职匹配”，因为在这种环境中工作，个人最可能充分发挥自己的才能并具有较高的工作满意度。

如果个体选择与其个性类型相邻的职业环境，如实用型的人在研究型或事务型环境中工作，由于两种类型间有较高的相关关系，则个人经过努力和调整也能适应职业环境，属于“人职次协调”。

六边形中处于对角位置的类型之间为相对关系，也就是说这两种类型差异很大，相关程度很低。最坏的职业选择就是个人在与其个性类型相斥的职业环境里工作，在此情况下，个人很难适应职业，也不太可能从工作中得到乐趣，这就是“人职不协调”，如研究型的人在事业型环境中工作。

现实中，可以通过多种形式灵活地实现职业兴趣与职业环境的适配。首先，同一个专业可以做多个职业选择。其次，“完全适配”的可能性不大，只能说职业在一定程度上体现我们的兴趣。

除了霍兰德职业兴趣理论，还可以通过很多方式找到个人的职业兴趣，例如回忆过去上学、上班的愉快经历，在悠长假期中花费精力最多的事务，日常生活中关注的报纸、网页等，帮助自己寻找职业兴趣。

五、性格探索

性格也称为人格特质，是一个人在生活中对人、对事、对自己、对外在环境所表现出来的一致性应对方式。每个人在其成长过程中，均可能受到遗传、生理、家庭教养、文化、学习经验等因素的影响，从而形成自己的独特个性，在不同情境中表现出特定的气质。

在不同因素影响下，不同地区的人也会有不同的性格类型。

性格类型没有好坏之分，而在工作或人际关系中，也没有更好或更坏的组合。每一种性格类型都会有独特的优点。

可以借助一些性格测量工具来了解自己的性格特点。迈尔斯－布里格斯人格类型测验（Myers-Briggs type indicatr，MBTI）是目前应用较为广泛的职业性格理论模型。该模型是伊莎贝尔·迈尔斯（Isabel Myers）和凯瑟琳·布里格斯（Katherine Briggs）在荣格人格理论基础上提出的一套个性测验模型。其意义在于解释人与人之间的差异现象以及优化决策，对决策流程进行理性的干预。MBTI 人格理论将性格分成十六种具体类型，有数据表明，S-N、T-F 两种维度的组合（ST、SF、NF、NT）与职业选择更相关。其中对职业选择影响最大的维度偏好是“感觉—直觉”(SN),这个维度偏好很大程度上决定了个体的兴趣特征。感觉型(S)的人喜欢那些涉及大量客观事实的工作,而直觉型(N)的人则更希望有机会在工作中探索各种可能性。对个体职业选择影响第二的维度偏好是“思维—情感”(TF),这个维度决定了个体容易采用或者接受什么样的决策方式。思维型(T)的人更善于处理与物体、机械、规则或者理论相关的问题,情感型(F)的人更善于处理与人有关的问题,他们总能知道他人的价值取向,也懂得如何说服或者帮助他人。

需要注意的是,可以用性格测量去了解自己,但不能把它作为你做或不做任何事情的借口。不要让性格类型左右自己的活动、人际关系和事业。更不要对某些性格类型持有偏见,对别人、对自己下定义。

六、价值观探索

价值观是一种内心的尺度,是人们在生活和工作中所看重的原则、标准和品质,它指向我们一生中最重要的东西,因此它也是一套自我激励机制。职业价值观指人生目标和人生态度在职业选择方面的具体表现,也就是一个人对职业的认识和态度以及他对职业目标的追求和向往。价值观影响职业生涯发展的方向。

生涯大师休珀(Super)认为职业价值观是个人追求的与工作有关的目标,亦即个人的内在需求及在工作中所追求的工作特质或属性。它是人生价值观在职业问题上的反映。

马斯洛的需求层次理论认为,人有五个层次的需求:生理需求、安全需求、爱与归属需求、尊重需求、自我实现需求。在五个需求层次中,只有当低层次的需求得到基本满足后,个人才能关注并致力于满足下一层次的需求,随之新的职业观也会产生并确定下来。这些需求是强大的内在驱动力，我们所做的事情正是为了满足这些需求。它们在我们的生活中反映出来，就体现为我们的价值观。

很少有工作能够完全满足一个人所有的重要价值观，我们总是要不断地作出妥协和放弃，因此我们需要培养、塑造积极向上的价值观，如此才能知道如何合理取舍。

七、能力探索

能力是指一个人可以完成某件事情的资质与本领，具有经常的、稳定的特点。能力总与活动联系在一起，也只有通过活动才能表现出来，并在活动中得到发展。

例如，一位小学教师所具有的语言表达能力、组织能力等都是保证教师顺利完成教学活动的条件。能力表现在所从事的各种活动中，并在活动中得到发展。也就是说，只有在一个人所从事的某种活动中，才能看出他所具有的某种能力。能力的高低会影响人的活动效率。就业能力是个体在劳动力市场所表现出来的综合能力，是个体寻找、维持、更换工作时所凭借的综合能力。

世界著名教育心理学家霍华德·加德纳（Howard Gardner）的研究表明，人类至少有八种不同的智能：言语语言智能、逻辑数学智能、视觉空间智能、音乐节奏智能、身体运动智能、人际交往智能、自知自省智能。

八种智能在个人的智力结构中都占有重要的位置，几乎处于同等重要的地位。

按能力获得方式（先天具备和后天培养）的不同，能力可以分为能力倾向和技能。能力倾向是指经过适当训练或被置于适当的环境下完成某项任务的可能性。它是指一个人能学会做什么，以及一个人获得新的知识和技能的潜力如何,而不是当时就已经具备的现实条件。能力技能可以分为专业知识技能、自我管理技能、可迁移技能(或称通用技能)等。

新龟兔赛跑

从前,有一只兔子和一只乌龟要进行赛跑。第一次赛跑,兔子认为乌龟绝对跑不过它,在半途中睡着了,结果睡过了头,于是乌龟赢了;第二次赛跑,兔子吸取了教训,一路不停歇地跑,于是兔子赢了。

乌龟说,应该进行三次比赛,谁赢得多,谁才算赢。兔子同意再进行一次比赛。乌龟又说,前两次都是兔子规定的比赛路线,太不公平了,这次应该由它规定路线。兔子心想,反正我跑得比你快。于是兔子很爽快地答应了乌龟的要求。

结果谁赢了?

乌龟赢了。因为乌龟规划的赛跑路线上有一条河,兔子不会游泳,最终乌龟赢了。

通过“新龟兔赛跑”的故事,我们可以发现不同的人具有不同的优势能力。优势能力不同,可作为的领域也不一样。善于发现、利用自身的优势能力有助于取得更好的成绩。每个人都有自己擅长与不擅长的事情,爱拼不一定会赢,找到自己的优势,会拼才会赢。

“处处留心皆学问”,当代大学生应该在各种场景进行学习,不断增强个人能力,并熟练运用各种能力。适当进行一些职业能力测验,亦有助于更好地了解自己的优势能力。职业能力测试,又称为职业能力倾向性测试,是通过专业测试软件预测某人的职业定位及适合的职业类型,能更好地确定一个人对其所从事职业的综合考量。学界对职业能力的关注和研究较多,开发了很多有效的测试工具，如职业胜任力问卷、职业胜任力指标问卷、大学生就业力量表等。这些职业能力测试量表有助于大学生合理评估自己的能力。

第二节　探索职业世界

一、职业的概念

职业是指人们在社会生活中所从事的以获得物质报酬作为自己主要生活来源并能满足自己精神需求的、在社会分工中具有专门技能的工作。

简而言之，人们所从事的活动必须得满足三个条件，才能称之为职业：①获得物质报酬；②满足自己的精神需求；③具有专门技能。

二、职业选择的动力来源

人们在进行职业选择的同时，通常会考虑自身的职业发展问题。

简单来讲，我们可以将职业发展分为内职业生涯发展和外职业生涯发展。外职业生涯发展是外显的、明确的，是别人给予的和决定的。外职业生涯是一种职业身份，包含了某种职业的名称、薪水、环境、工作内容等，从某种角度上来讲，外职业生涯可能随着工作和职位的变化产生变化甚至消失。比如，你是某企业的培训讲师，但当你离开这家单位时，你的身份将随之消失。而内职业生涯发展是我们从事某种职业时所获得的内在的东西，类似于我们的通用技能（可迁移应用于不同的企业，具有稳定性），内职业生涯是被内化了的能力，依靠自己的探索和努力而获得。

大学生要着力培养内职业生涯，聚焦内职业生涯可以使自身更踏实且更坚定。

招聘人员如果问道："你还有什么问题想了解的吗？你还有没有问题想问我们的？"

如果学生关注外职业生涯，就会问：

你们公司的薪酬待遇如何？

你们的年终奖是多少？

每年有没有旅游的机会？

除了正常的工资还有哪些福利待遇？

…………

如果学生关注内职业生涯，就会问：

这个职位还需要我提升哪些能力素养？

我个人的职业生涯晋升的通道是怎样的？（稳定中求发展的思路）

我刚入职后，有哪些项目或者任务可以着手？

…………

内职业生涯发展与个人的长远发展密切相关，应届毕业生如果把重点放在外职业生涯的薪酬、福利、环境等部分，而弱化了个人能力素养提升、成长进取等内职业生涯发展，就会影响个人的长远发展。

三、探索职业的方法

（一）生涯人物访谈

生涯人物访谈是通过与自己感兴趣的职业的从业人员会谈，从而了解该行业、该职业、该企业、该岗位相关信息的一种职业探索活动。生涯人物访谈可以让人们正确客观地认识自己的优劣势，从而制订更加合理的学习、生活、工作计划。

生涯人物访谈可以让实施访谈的人了解该职业的岗位要求、薪酬待遇、发展空间和晋升路径等，在全面了解的基础上作出判断，考虑是否进入该领域；访谈也可以检验自己是否真的对这项工作感兴趣。生涯人物访谈作为一种便捷、快速的职业体验，可以帮助学生了解职业，获取职业信息，使学生了解和认识社会需求、行业需求、职业需求、职业环境等，帮助求职者，尤其是在校大学生检验和印证以前通过其他渠道获得的信息，通过无加工未过滤的方式了解与未来工作有关的信息，如需要从业人员具备的能力素质、核心竞争力、入职标准、从业者的内心感受等。这些信息是很难通过大众媒体和一般出版物得到的。

（二）活动实操

1. 自我探索

加强对自己的了解和认识，明确自己喜欢干什么，适合干什么，能干什么等，可以借助一些前文提到的测评工具，分析自己的兴趣、性格、价值观和能力。测评可以帮助个体进行自我探索，但千万不可以把测评结果奉为圭臬，给自己贴标签。

2. 寻找生涯人物

在自我探索的基础上,确定自己感兴趣的职业,寻找从事这个职业的在职人士作为生涯人物。生涯人物可以是自己认识的人,也可以是经由别人介绍推荐的人。一般建议在同一领域访谈三人以上,三人的工作年限按照阶梯式分布,刚毕业工作、工作三五年、工作十余年或更长。

需要注意的是,生涯人物的职业应是自己感兴趣的,访谈前应尽可能掌握更多的生涯人物信息,可以通过公司网站、大众媒体、生涯人物个人公众号、生涯人物发表的文章等多种渠道来了解生涯人物,这对后面的访谈会起到非常重要的作用。

3. 拟订访谈提纲

设计拟订访谈提纲,结合目标职业信息以及自己想了解的方面设计提问内容,打印出来并随身携带,内容可包含行业发展趋势、单位名称和单位性质、具体的职业和职位、工作性质、工作内容、工作环境、工作时长、有无加班、从业资格、能力要求、市场前景、福利薪酬、员工满意度、职位晋升路径、企业文化等。

4. 预约

首先进行自我介绍,其次说明获知对方联系方式的途径,然后开门见山说明采访目的以及访谈所需要的时间(建议半小时左右),最后和生涯人物确认具体的采访日期、时间和地点。

5. 访谈形式

访谈方式可以是面谈、借助网络平台进行视频访谈、电话访谈等,最好是面谈。面谈前,采访者可以通过提前了解的生涯人物信息,与被访谈者建立好感和信任,以便打开话题。在进入访谈流程后,要特别注意约定的时长,在有限的时间内尽可能了解具体细致的内容。

6. 访谈总结

根据访谈情况进行资料整理,对照自己之前对该职业的认识进行比较,找出理想与现实之间的偏差,确定自己的职业目标,形成书面总结报告,从而制订计划,按照理想职业对从业人员能力和素质的要求,进行有针对性的提升,科学合理地安排大学四年的学习和生活。如果偏差很大,则有必要重新思考自己的职业目标和职业方向,同时开展新一轮生涯人物访谈。

注意事项:

· 准备一分钟的自我介绍

· 面谈一定要遵守时间,不拖延

· 面谈前,如需录音录像,需征求生涯人物的意见

访谈清单(参考):

· 您是通过何种渠道获得这份工作的招聘信息的?

· 就您的工作而言,您最喜欢的工作内容是哪些? 最不喜欢的呢?

· 您的主要职责或工作内容具体有哪些?

· 工作地点通常在哪里? 工作环境如何?

· 在这个领域内,通常哪个工作岗位能学到的东西最多,最有利于个人成长?

· 可以谈一谈您每天的具体工作安排吗? 这种安排是否固定?

· 您认为这份工作哪些方面最吸引您,让您毅然选择了它?

· 在工作当中,个人的成就感来自哪里?

· 您在做这份工作时,有哪些需要克服的困难,什么困难最有挑战性?

· 在这个职位上,如果想有所成就必须具备哪些能力素养?

·如果您要给进入该领域的年轻人/新入职员工一些建议的话,您会说什么?

·您认为做好这份工作应该具备哪些专业知识、人格品质与实操技能?

·这份工作需要从业人员拥有何种学历背景或培训经历?

·您认为学校中的哪些课程对这个行业比较有帮助?

·刚入职的新员工单位一般会提供哪些培训?

·在您的工作领域里薪酬待遇如何,一般分几个档次?

·这个行业面临的困难及前景如何?

·您认为还有哪些渠道能帮助我深入了解这个领域?

·您周围还有谁能够成为我下次采访的对象吗?您可以帮忙引荐一下吗?

访谈前的准备:

·观察自己身边的各行各业

·通过各种渠道搜集行业信息

·选择确定想要访谈和调研的行业

·学习生涯人物访谈的方法及注意事项

生涯人物基本信息:

·姓名

·性别

·年龄

·从业年限

·学历背景

·专业背景

·毕业时间

·工作单位

·现任职务

（三）三角探职业

要想立体化、整体化地了解自己的目标职业，可利用三角探职业的方法进行自己的职业探索（图 3－3）。通过完成表单式练习，从目标职业的现实情况（行业现状、发展趋势、需求状况、供需结构、内涵定义），岗位需求（学历要求、资质证书、岗位说明、能力素养、个人品格），发展路径（晋升通道、培训机会、专业深耕、外部拓展、薪酬福利）三个方向进行深入了解，形成三位一体的探索模型，将目标职业具体化、显象化，在全面客观掌握信息的基础上，才能作出最终的职业选择和决策。

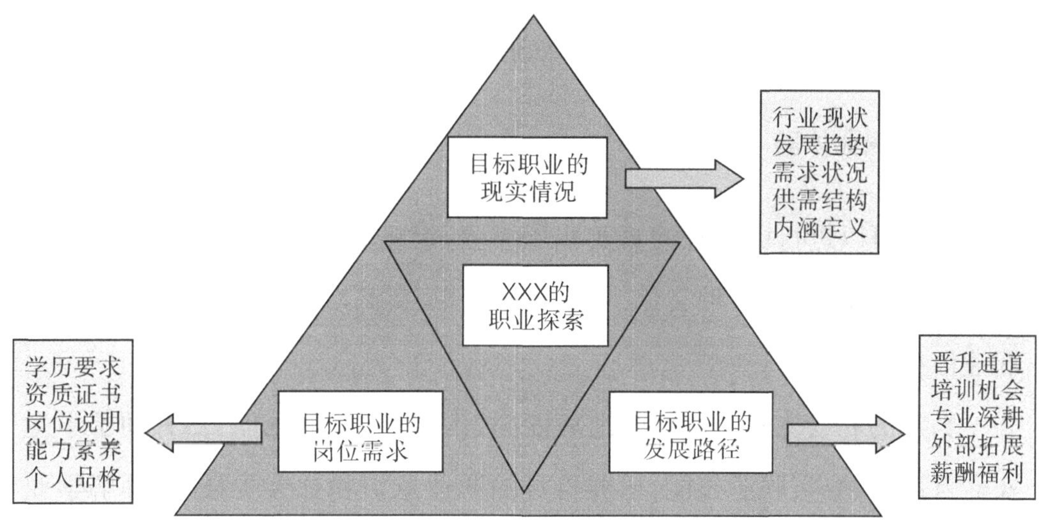

图 3－3　三角探职业

想要明确自己的职业定位，可以从行业＋企业＋职能三个维度去确定。了解一个行业，需要先了解一个行业的翘楚企业，从主要业务、客户群体、规模、人才梯队、发展战略、方向引领、城市分布等方面去着手（可参考行业探索九宫格，见图 3－4）。

行业名称	组织机构	重要职位
行业翘楚(2～3家)	上下游行业	行业增长率
所处城市	上下游企业	客户群体(服务对象)

图3－4　行业探索九宫格

学生需要考虑自己所学专业和未来职业的联系,假设愿景职业是目的地,那么自己所学的专业就有可能是通往目的地的路径。通过自我探索,学生对自己的兴趣、性格、价值观和能力都有了一定的了解之后,就需要明确自己所学的专业知识,包括所具备的能力素养,是否是愿景职业所需要的,如果匹配,就要继续夯实职业技能,如有差距,就要着重去培养和提升。

(四)职业体验

学生可以进行课堂外的真实职场体验,走进一个职业、体验一个项目、了解一个岗位、感受一种文化,树立职业理想,提高实践能力,获取未过滤的职业信息。

真实的职场体验可以增强适应能力、沟通能力、抗压能力,有助于学生树立自信心、夯实职业技能,培养自身的职业意识和社会责任感,理解学业和职业的关系,提前进入工作状态,了解用人单位的需求,明确自身的能力层级,从而有目标有方向地进行自身能力素养的提升。

有学校在毕业季开展大型求职主题活动,为学生提供全方位的求职应聘体验,将求职面试搬上舞台,为大学生施展才华和求职创造条件,为学生提供与企业面对面的平台。这种活动一方面可以锻炼学生的求职应聘能力,为自己争取到实习就业的机会。另一方面,可以提高广大在校生对就业的关注度及重视程度,帮助学生了解求职应聘及面试技巧。获得招聘单位青睐的学生可获得单位颁发的推荐函。毕业生可通过该推荐函直接获取就业岗位，非毕业生可通过该推荐函获取实习的机会，也可在毕业后获得在该单位被优先录用的机会。

【“名花”有主，“职”等你来】活动方案

一、大赛主题：“名花”有主，“职”等你来

二、参赛对象：

全体在校学生（以本科大三、大四与专科大二、大三学生为主）

三、奖项设置及就业指导培训：

1. 奖项设置。大赛设个人和团体两类奖项。

2. 专项培训。凡报名参赛者均可参与专项职业测评、就业政策讲解、简历制作、求职礼仪与面试技巧培训等活动。

四、大赛形式及赛程安排

（一）大赛形式

大赛设院赛和校赛，院赛为大赛选拔赛，赛程由二级学院自行规定，二级学院可根据本院报名人数，将院级选拔赛设置为初赛一个环节或初赛、复赛两个环节（院级选拔赛比赛环节最多不超过两个）。

校级比赛赛程设置为校级复赛、校级决赛两个环节，其中校级决赛将全程进行网络直播。

（二）大赛宣传

大赛将采用线上、线下相结合的方式进行宣传。

（三）大赛流程

第一阶段：启动及报名

1. 报名时间：9 月 16 日—9 月 26 日。

2. 报名资格：全体在校生（以本科大三、大四与专科大二、大三学生为主）。

第二阶段:院级专题指导及选拔赛

1. 院级专题指导环节(指导老师“一对一”精准指导):9 月 16 日—10 月 15 日。

2. 院级选拔赛:9 月 27 日—10 月 17 日。

赛程由二级学院自行确定,二级学院可根据本院报名人数,将院级选拔赛设置为初赛一个环节或初赛、复赛两个环节(院级选拔赛比赛环节最多不超过两个)。

采用个人简历筛选、自我介绍、现场问答等形式进行选拔,最终确定进入校级复赛的选手名单。

在院级选拔赛中,各二级学院可通过微信公众号等网络信息平台对本院选拔赛进行广泛宣传,对比赛进程进行及时宣传报道。

第三阶段:校级复赛

1. 院级专题指导环节(指导老师“一对一”精准指导等):10 月 18 日—10 月 29 日。

2. 校级专题指导及复赛:10 月 18 日—10 月 29 日。

经各二级学院选拔赛推荐 20 名选手晋级校级复赛,校级复赛将采用自我介绍、评委提问、无领导小组讨论、现场辩论等形式进行,将邀请企业招聘人员全程参加并担任评委。校级复赛将选出 8 名选手直接进入决赛环节。

第四阶段:校级决赛

校级决赛时间:11 月 10 日。校级决赛设置了视频短片展示、自我介绍及个人展示、情景模拟、评委提问等环节,将邀请 6 ~ 8 名长期从事企业招聘工作的相关人士担任评委,同时邀请企业招聘人员和学生代表担任大众评审团评委,8 名决赛选手将直接获取企业“通行卡”或“实习录用通知书”。校级决赛将全程进行网络直播,决赛结束之后会有颁奖仪式。

（四）相关活动

为保证大赛效果，在开展“名花有主”大赛的同时，还将同步开展就业大讲堂、简历门诊、求职工坊、就业指导咨询等活动。

1. 就业大讲堂。学校将举办就业专题系列讲座。

2. 简历门诊。学校将针对所有在校学生开展简历指导专题讲座，设立简历门诊，对学生进行一对一或一对多的精准指导。

3. 求职工坊。学校将邀请专业导师，针对简历制作、求职技巧、面试礼仪、心态调整等组织就业主题沙龙活动，所有在校生均可报名参加。

4. 就业指导咨询。学校将通过线上与线下微信公众号、就业指导与职业规划咨询室相结合的方式，提供“一对一”或“一对多”就业指导咨询服务。

第三节　如何进行职业选择

一、职业选择概述

（一）职业选择的概念

所谓职业选择，是指人们从自己的职业期望、职业理想出发，依据自己的兴趣、性格、职业价值观、职业能力等，从社会现有的职业中选择一种适合自己的职业。

（二）职业选择和决策的分类

根据问题的不同性质，可以将决策分为确定无疑的决定、有一定风险的决定和不确定的决定等类型。

确定无疑的决定即所有的选择及其结果都清楚明白的决定。有一定风险的决定即每种选择的后果不完全确定，但我们在一定程度上了解可能会有什么样的后果。不确定的决定即对于各种选择会产生什么样的后果几乎完全不清楚。

生活中的决定大多属于第二种。大多数决定是有风险的，并且选择了一个决定就意味着排除了其他的可能。当我们面临第三种决定时，最好先尽可能地去搜集一些信息，以便把它变成第二种决定。

（三）职业选择的原则

进行职业选择的前提是要对个人自身情况和外部职业世界进行相关探索了解之后，再根据个人职业目标进行选择。因此，在进行职业选择时，应尽量地对自身情况和外部职业世界进行有效探索分析。

CASVE 循环就是一种职业生涯规划决策技术，包括沟通（Communication）、分析（Analysis）、综合（Synthesis）、评估（Evaluation）和执行（Execution）五个阶段（图 3 -5）。

1. 沟通

在沟通阶段，个体会收到关于职业理想与现实之间存在差距的信息。这些信息可能通过内部或外部交流途径传达给个体。

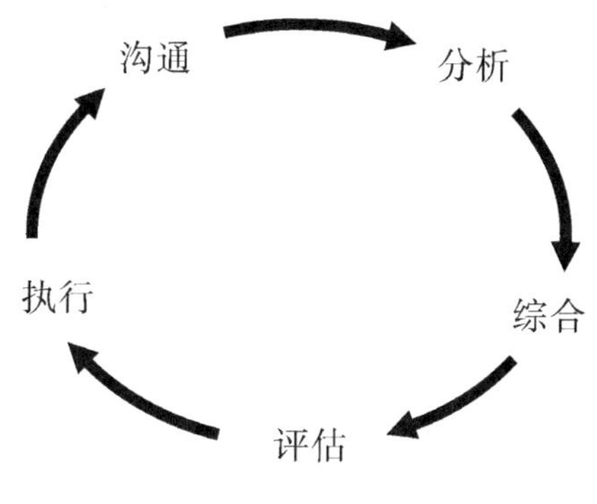

图 3-5 CASVE 循环图

2. 分析

在分析阶段,问题解决者需要花时间去思考、观察、研究,从而更充分地了解差距,了解自己有效地作出反应的能力。好的生涯决策者会尽量避免冲动行事以减少在沟通阶段所体验到的压力或痛苦,因为他们知道,冲动行事是无效的,甚至可能令问题恶化。好的决策者会首先弄清楚解决某个问题需要了解自己的哪些方面,了解环境的哪些方面,需要做些什么才能解决问题,以及为什么自己会有这样的感受,家庭会怎么看待自己的选择,等等。

3. 综合

综合阶段主要是综合和加工上一阶段提供的信息,从而制订消除差距的行动方案。其核心任务是确定自己可以做什么以解决问题。

这是一个扩大并缩小选择清单的过程。首先,尽可能多地找到消除差距的方法,发散地思考每一种办法,甚至采用"头脑风暴"进行创造性思考。然后,缩小有效方法的数量,通常缩减到 3 ~5 个。

4. 评估

评估的第一步是评估每一种选择对生涯决策者和他人的影响。比如选择了某一职业将会给自己、伴侣、父母、孩子等重要他人带来什么影响。每一种选择都要从对自己和对他人的坏处和益处两方面进行评价,并综合物质上和精神上的因素。

第二步就是对综合阶段得出的选项进行排序。能够最好地平衡各方需求的选项排在第一位,次好的排在第二位,以此类推。此时,职业规划决策者会选出一个最佳选项,并且作出承诺去实施这一选择。

5. 执行

这是实施选择的阶段,需要把思考转换为行动。很多人都觉得在执行阶段制订行动计划是令人兴奋的和有价值的,因为他们终于可以开始采取积极行动去解决问题了。

CASVE 循环是一个不断重复的过程。在执行阶段之后,生涯决策者又回到沟通阶段,以确定已经作出的选择是不是最好的,是否能最有效地消除理想与现实间的差距。

职业愿景活动——生涯幻游

在进行生涯幻游之前,要使团体成员做好充分的放松训练。

背景音:

让我们一起乘坐时光隧道机,来到 20 年后的世界,也就是,2044 那一年的世界,请算一算,此时你是多少岁,容貌有变化吗?请你尽量想象 20 年后的情形,越仔细越好。

好,现在你正躺在家里卧室的床铺上,这时候是清晨,和往常一样,你从睡梦中醒来,先看到的是卧室的天花板,看到了吗?它是什么颜色?

接着你准备下床，尝试去感觉脚趾接触地面那一刹那的温度，凉凉的还是暖暖的？经过一番梳洗之后，你来到衣柜前面，准备换衣服上班，今天你要穿什么样的衣服上班？穿好衣服，你看一看镜子，然后来到餐厅，早餐吃的是什么？一起用餐的有谁？你跟他们说了什么话？

接下来你关上家里的大门，准备前往工作的地点，你回头看一下你的家是一栋什么样的房子，然后你将搭乘什么样的交通工具上班。

快到达工作地点时首先注意一下，这个地方看起来如何。好，进入工作场所后你跟同事打了招呼，他们怎么称呼你？还有哪些人出现在这里？他们正在做什么？

你在你的办公桌前坐下，安排一下今天的行程，然后开始上午的工作。上午的工作内容是什么？跟哪些人一起工作？工作时会用到哪些工具？

很快，上午的工作结束了，午餐如何解决？吃的是什么？跟谁一起？吃午餐还愉快吗？

接下来是下午的工作，跟上午的工作内容有什么不同吗？你在忙些什么？

快到下班的时间了，或者你没有固定的下班时间，但你即将结束一天的工作，下班后你直接回家吗？或者要先办点什么事，或者要做一些其他活动？

到家了，家里有哪些人呢？回家后你都做些什么事？晚餐的时间到了，你会在哪里用餐？跟谁一起用餐？吃的是什么？晚餐后你做了些什么？跟谁在一起？

睡觉前你正在计划明天参加一个典礼的事情，那是一个颁奖典礼，你是获奖人之一，想想看那会是一个什么样的奖项？颁奖给你的人是谁？如果你将发表获奖感言，你打算讲什么？

该是睡觉的时候了,你躺在早上起床的那张床铺上,回忆一下今天的工作与生活,今天过得愉快吗?是不是要许个愿?许什么样的愿望?

渐渐地你很满足地进入梦乡,睡吧,一分钟后我会叫醒你。

(一分钟后。)我们渐渐地回到这里。还记得吗?你现在的位置不是在床上,而是在这里,然后你慢慢地醒过来,静静地坐着。

(引自金树人:《生涯咨询与辅导》,高等教育出版社,2007 年版,第 299 页)

二、探索方法

(一)逻辑层次模型

“逻辑层次(Neuro - Logical Levels)”是由美国一位 NLP(神经语言程序学,Neuro - Linguistic Programming)专家——罗伯特·迪尔茨(Robert Dilts)在一个很特殊的状况下发展出来的一套呈现“自我”的系统,并将“自我”分为环境、行为、能力、价值观、身份、愿景六个层次(图 3 -6)。人们看待同一个问题,对待同一件事,得出的结论往往不同。比如做错了一件事,反思其中的原因。有的人会认为是外界环境的因素,是他人的错误造成的;有的人会觉得是自己的态度有问题,做事没有尽全力,没有考虑周全;有的人认为是方法问题,自己没掌握良好的做事技巧、方法;有的人会反思事情的根本,思考这件事与目标的联系;有的人会从更高的层次去思考,思考这件事从根本上讲对自己的人生规划有什么意义,对自己的成长有什么作用。你会发现,思考的逻辑逐渐由对这件事的本身,上升到了人生意义,逐渐由外界因素上升到更高层次的内部因素。

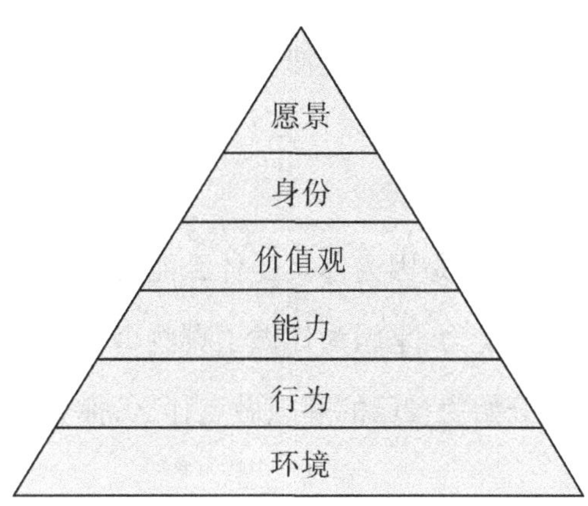

图 3－6　罗伯特·迪尔茨逻辑层级理论模型

愿景（与世界的关系）是与个体关系极为密切的精神领域；身份（我是谁）这一层体现的是最基础的核心价值观与使命，通过自我认同确定整体目标或使命；价值观（为什么）这一层体现的是我们所相信或者影响我们的概念，它提供了支持或否认能力的强化物，包括激励和允许；能力（如何做）这一层体现的是我们所能应用的知识和技巧，也就是我们通常说的能力；行为（做什么）这一层代表我们的所作所为，也就是在环境影响下而出现的特定行动和反应；环境（何时何地）这个层次代表我们所处的环境及相关的人，环境层次确定了个体作出反应的外部机会及限制。

越详细地描述愿景，越能促进行动与选择。可以通过对未来的期待，反推到应该如何科学合理地安排大学期间的学习和生活。逻辑层级非常重要，他是一个人之所以会作出某些选择、坚持某种信念及行为的深层动力。

【活动】逻辑层次理论模型团体辅导

→无论你今天学哪个专业,学得如何,你期待的未来是什么样子的?

→那个时候你是什么角色?在做什么?

→为什么这件事对你那么重要?

→如果一切都实现了,那是因为你具备什么能力使它实现了?

→如果你具备了这些能力,是因为你做了哪些事情使自己获得了这些能力?

→如果我们从今天开始为自己的理想做点什么,你会希望从哪一件事开始?希望怎么去做呢?

精神层面对应愿景,比如我要给世界带来什么;身份层面对应人格,比如我是谁,我要做什么样的事情来证明自己的身份?价值观层面对应核心价值观,有了这个基础,接下来的能力培养、环境打造等自然水到渠成。

理解该逻辑层次,对于人们思考人生、经营企业都将带来莫大的帮助,它能从本质上改变我们,从而让我们拥有前进的动力。

分享本次团体辅导活动的收获及意义,你想到了什么?看到了什么?听到了什么?

激发自我的生涯意识,了解生涯规划对自己的重要性,重新审视自己。

无论人们遇到什么样的生涯发展问题,关注期待的愿景,以目标为导向,确定角色,背后一定有我们的价值观在起作用。而价值观要有能力做支撑。能力的积累是由可实现的行动计划来决定的,能力的彰显则表现在特定的行为模式上,行动和行为的发生又离不开环境。

如果暂时确定不了愿景,就想一想最近是否有不愉快的事情,或者工作上有哪些瓶颈,或者需要处理的情绪等。如果你希望这些不愉快越来越少,那么你希望什么越来越多?目标可能隐藏在我们的期待中,也可能需要我们进行一个转换,进行一个反向的转化,就有可能发现我们期待的目标。因为很多人花很多时间确定不想要什么,但却没有静下心来思考自己想要什么。

(二)职业生涯决策平衡单

职业生涯决策平衡单是一种通过系统地评估不同选项,帮助个人作出选择的工具。使用职业生涯决策平衡单时,可以遵循以下步骤:

(1)列出选项。首先,明确需要比较的生涯选项。

(2)确定考虑因素。从自我、他人、物质、精神四个维度出发,列出对决策有重要影响的考虑因素。个人物质方面的因素可包括收入、职业发展等;个人精神方面的因素可包括个人兴趣、成就感等;他人方面的因素可包括家庭支持、社会认可等。

(3)赋予权重。对每个维度的因素赋予权重,表示其对决策的重要性。可以使用 1 到 5 的分数范围,其中 5 表示非常重要。

(4)打分。根据每个选项在这些维度上的表现打分,可以使用 1 到 10 的分数范围,其中 10 表示最满意。

(5)计算加权分数。将每个选项的得分乘以相应的权重,得到加权后的分数。

(6)比较和决策。最后,比较每个选项的总分,选择总分最高的选项作为最合适的决策。

这种方法有助于理清思路,考虑各种因素,从而作出更理性的决策。在使用过程中,确保考虑的因素全面且重要,打分时基于个人真实想法,并注意权重的合理性。

当面临两个及两个以上的职业选择时，可以通过职业生涯决策平衡单进行分析选择。对不同选项赋予不同分数，进行四个主题的分析，即个人物质方面的得失、他人物质方面的得失、个人精神方面的得失、他人精神方面的得失，并对各项分数进行汇总，通过表格呈现个人的职业选择（表3－1）。

小A是某高校大四的学生，在拿到研究生录取通知书后，又与一家公司达成了签约就业意向，现在他很纠结，不知道该怎么进行选择。如果是你，你觉得他应该怎么选择呢？

表3－1　职业生涯决策平衡单

考虑因素	权重	生涯选项一：直接工作		生涯选项二：读研	
		程度得分	实际得分	程度得分	实际得分
个人物质得失					
个人收入	2	+3	+6	－1	－2
健康状况	2	+5	+10	+2	+4
休闲时间	3	+3	+6	+1	+2
未来发展	4	+2	+8	+4	+16
升迁状况	1	+1	+2	+3	+3
社交范围	3	+1	+1	+2	+6

续表

考虑因素	权重	生涯选项一:直接工作		生涯选项二:读研	
		程度得分	实际得分	程度得分	实际得分
他人物质得失					
家庭收入	5	+3	+15	-1	-5
个人精神得失					
所学应用	2	+2	+4	+3	+6
进修需求	3	+1	+3	+3	+9
改变生活方式	3	-1	-2	-1	-2
富挑战性	4	+1	+4	+3	+12
成就感	5	+1	+5	+3	+15
他人精神得失					
父亲支持	4	+2	+8	+1	+4
母亲支持	3	+3	+9	+1	+3
男/女朋友支持	2	-1	-2	+2	+4

生涯选项一总计得分77;生涯选项二总计得分75

通过职业生涯决策平衡单的测评结果,可以看到两个选项的得分非常接近,因此也可以看到小A内心的纠结。所以,我们在制作职业生涯决策平衡单时,可以将各种因素尽量全面、详细地列举,辅助分析决策,帮助我们有效决策。

(三)SWOT 分析法

SWOT 分析法(图 3 –7),就是将与研究对象密切相关的各种主要内部优势(Strengths)、劣势(Weaknesses)和外部的机会(Opportunities)和威胁(Threats)等,通过调查列举出来,然后对各种因素进行系统分析,从中得出一系列相应的结论,而结论通常带有一定的决策性。

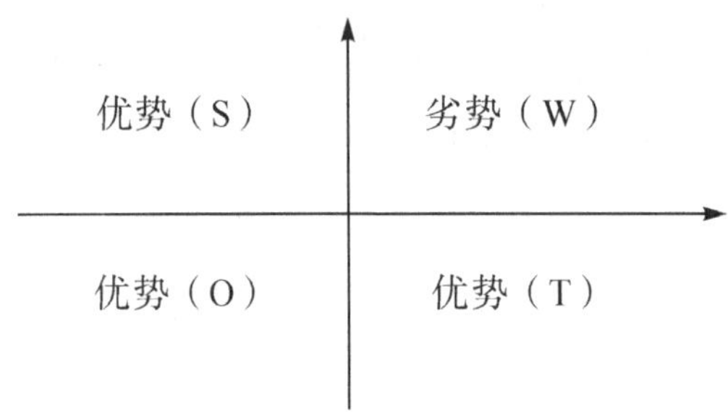

图 3 –7　SWOT 分析法

运用这种方法,可以对研究对象所处的情境进行全面、系统、准确的研究,从而根据研究结果制定相应的发展战略、计划以及对策等。在战略分析中,SWOT 分析法是最常用的方法之一。

小 A 是某大学计算机专业毕业生,想要找一份网络开发的工作,那么对于他来说,如何进行 SWOT 分析呢?

案例分析:

经过梳理,小 A 的分析如下:

S 因素分析：就读的大学是一所综合性大学，学科门类较为齐全，学校历史悠久，享有较好的声誉，而本校的计算机类专业是学校的传统优势专业；小 A 个人非常喜欢所学专业，学习努力认真，大学期间也有过相关的专业实习经历。

W 因素分析：小 A 的家人和朋友无人从事计算机类相关工作，来自家庭的帮助较少。另外小 A 性格比较内向，不善与人沟通。

O 因素分析：科技进步和国家政策的鼓励，计算机专业人才需求旺盛，且整体工资水平较高。

T 因素分析：计算机行业技术革新较快，对于从业者有较高要求；专业热门，行业未来将会有大批竞争者进入，竞争压力较大。

通过 SWOT 分析，可以明确看到自身的优势和劣势（个人的兴趣、性格、价值观、能力、毕业院校等），同时也能看到外部所面临的机遇和威胁（目标职业的发展前景、竞争情况、求职就业要求等），在对各因素进行详细全面分析后，可以让我们的职业选择和决策更科学。

第四章　就业心理与就业心理调适

第一节　大学生就业心理概述

新时代的大学生，在大学校园数年奋发苦读，学有专长，终于走出“象牙塔”，步入竞争激烈的市场。他们犹如一匹匹千里马，向往着施展才华的舞台，渴望遇见自己的伯乐。

大学的数年深造，使大学生基本具备了人才预备队的智能结构和综合素质。但面对新的就业形势和严峻的就业压力，有相当一部分毕业生因种种原因，在就业过程中出现一些心理误区，有的甚至产生了严重的就业心理障碍。大学生求职择业，不仅要具有良好的思想道德品质、健康的体魄、扎实的知识与能力储备，也应具有良好的心理素质。优秀的心理素质是一个人成才立业的重要因素，从某种意义上讲，甚至比学识更为重要。因此，大学毕业生在求职择业的过程中，应树立良好的就业心态，正确地认识自我、认识社会，学会自我心理调适，做好求职择业前的心理准备，以积极健康的心态主动迎接社会的挑战。

大学生就业心理是指大学生在考虑就业问题、准备求职及在求职过程中所产生的各种心理现象，是大学生在对自我、对社会和职业岗位等有所认识的基础上形成的一种心理定式和情感倾向。就业是大学生最关心的问题之一，顺利实现就业也是大学生学习和生活的风向标。因此，就业心理贯穿大学生的学习和生活。同时，就业心理也与大学生的其他心理特点，如学习心理等有着密切的联系，如大学生学习心理中的“辅修热”与大学生课外活动中的“打工热”等都或多或少与就业准备有关。因此，大学生的就业心理是以就业为中心，在其他心理的共同作用下形成的，它的产生、变化、发展过程较为复杂。大致而言，可以归纳为就业心理倾向、就业心理素质、就业心态三个方面。大学生正处于角色的转换期，心理发展还不成熟，而就业是一个比较复杂的行为过程，也会让人产生特定的心理变化。特别是对初次就业的大学生来说，他们由于对就业市场的了解过于片面，在求职时会遇到诸多与就业相关的问题，因此在就业中既表现出积极的心理状态，也表现出消极的情绪。心理承受能力较强的大学生在遇到就业问题时可以在短期内自我调节，以积极的心理面对就业，一些心理承受能力较弱的大学生在遇到就业问题时可能会因无法接受而产生抵触、逃避等消极心理。

第二节　常见的大学生就业心理

一、积极的就业心理

（一）积极的奉献精神

一些大学生树立了正确的人生观、价值观和择业观，将国家利益和社会利益放在首位，能很好地协调国家、集体、个人三者之间的关系。当个人利益与国家利益发生冲突时，他们首先考虑的是国家利益，在择业过程中，他们能选择到祖国最需要的地方去工作。每年，我国都有一大批优秀大学毕业生志愿去西部贫困地区支援乡村教育，在就业之前，他们就做好了为祖国、为人民服务的心理准备，奉献精神在他们身上体现得淋漓尽致，他们是大学生中的优秀代表。奉献精神是应该大力提倡的一种职业品德。

● 小杨是一名师范院校的毕业生，在大学毕业时，她主动放弃了留在城市就业的机会，放弃优越的工作和生活条件，要求到边远贫困地区支教。在支教的过程中她无私奉献，不仅教给贫困地区的孩子知识，还教会他们做人的道理。

● 仰孝升，大学毕业后毅然回到故乡，成为山阳县山阳中学的一名普通教师。

刚走上工作岗位的头几年，仰孝升每月只有50多块钱的工资，父母身体又不好，家中生活一度非常困难，到了吃了上顿没下顿的地步。有人劝他改行到金融系统工作，仰孝升谢绝了；后来，西安等大城市的一些重点中学向他发出了调动邀请，他还是谢绝了。

作为班主任，仰孝升对每一个学生都关怀备至。哪个学生家庭贫困，哪个学生父母有病，他都一清二楚。多年来，仰孝升省吃俭用，累计资助贫困学生现金上万元，还多方奔走，在学校建立了“贫困生助学基金”，使零散的爱心行为变成了爱心接力活动，帮助一大批贫困学生顺利完成学业。25年的教学生涯中，究竟资助了多少困难学生，他没数过，也数不清。20多年的教学实践，使仰孝升深深感受到，要实现学生的全面发展，教师就必须牢固树立德育为首的理念。“我在教学和日常生活中，要求学生做到的，自己必须率先做好，从学生的闪光点入手去启发、劝诫学生，用爱心点燃他们的激情，使他们‘亲其师而信其道’。”仰孝升说。

曾经有一名学生，父母常年在外打工，由于家长对他期望过高，让他感到压力很大，对学习开始厌倦懈怠，迷上了台球。仰孝升便多次找这名学生谈心，使他学习态度有所好转。一天晚上，仰孝升去查宿舍，发现这名学生又不在，找了两个多小时，终于在县城一间隐蔽的台球室发现了这名学生。仰孝升生气极了，愤怒地摔断了球杆，弹起的球杆将仰孝升的手划得鲜血直流。他强忍着疼痛掏钱给老板赔了球杆。老板不好意思地说：“仰老师，都12点了，真佩服你了，你不仅教育了学生，也教育了我！”仰孝升班里的学生70%来自贫困家庭，仰孝升认为，对山区孩子单纯传授知识是不够的，更重要的是塑造他们乐观开朗、积极向上的性格。于是，他通过组织读书活动、爱心接力活动、“露一手”自我展示活动等，引导学生用好书净化心灵，拿孝心回馈父母，出“绝活”树立信心。

针对学生在学习和生活中出现的心理障碍，仰孝升率先开设班级心理咨询室，为学生心理健康开辟一条“绿色通道”。接着在年级开通了“心里话信箱”，鼓励学生把诸如早恋、自卑、自闭、虚荣、恐惧、烦躁等问题，勇敢地说出来、写出来。对收到的300多篇“悄悄话”，仰孝升精心准备，或书面回复，或面对面交流，使许多学生从心理阴影和成长焦虑中走了出来。

这些年来，仰孝升的学生中曾经有60余名沉迷赌博、上网成瘾，他通过家访、谈话、到网吧找、陪读等多种方法，使这些学生从不良嗜好和虚拟世界中挣脱出来，由厌学转变为爱学，学习成绩显著提高，其中

46名学生考入了重点高校。山区学校教育资源匮乏。刚当教师时，学校条件差，没有教具、实验器材，仰孝升便就地取材，自己动手制作。在课堂教学中，他根据物理学科的特点，运用诱思探究、自主学习、互助合作等多种教学方法，进行教改实验，形成了“启迪思维、发展能力、富有情趣、活泼生动”的独特教学风格。

他还通过开展“小窍门中的大学问”演示活动、小制作小发明比赛，培养学生的创新能力和团队意识，近年来，先后有60余件学生作品获得国家和省、市级奖励，一些学生在社会调查后撰写的实践调查报告还被当地政府采纳。为提高教育教学质量，仰孝升积极探索在学科教学中实施素质教育的方法和途径。他首先从帮助学生明确学习动机和端正学习态度入手，重点解决“我要学习”“我能学习”“我会学习”3个问题，激发学生的学习兴趣，教给他们科学的学习方法，帮助他们形成良好的学习习惯。他曾多次被授予“教书育人先进个人”“先进教育工作者”等荣誉称号，还被评为全国模范教师。

（二）注重个人发展

许多大学生在对第一次就业充满期待的同时，也开始注重个人职业长远发展的可能性。许多大学生在求职时不只是注重工作待遇和报酬，同时也看重职业前景和个人的发展空间，会考虑职业能否帮助自己实现自我价值。调查显示，个人的发展前景是大学生在择业中考虑的主要因素之一。将报国之志与个人事业成功有机结合的心理能让个体表现出一种成熟的择业观，有助于个人和社会的发展。

（三）理智心理

在大众化就业形势下，大学生的就业选择逐渐理性。大学生接受了大众化就业的现实，求职的务实性和理性显著增强。同时他们也学会主动地适应社会，拉近自身与社会的距离，以更加多元化的选择主动适应新的就业形势。许多大学生能根据就业形势，主动调整自己的就业期望值，择业心理从理想趋于理智，从幻想趋于现实，这是一种理智心理的表现。对于一些应届毕业生，受专业限制以及工作经验等多重因素的制约，想找一份理想如意的工作，还是有一定难度的。所以大学生要正视这个现实，及时地调整自我定位，适当放低自己的择业要求，理智确定自己的择业标准。

二、常见的就业心理误区和障碍

不少大学生在就业过程中由于缺乏或者忽视了心理辅导，存在一些就业心理误区和障碍。

（一）常见的就业心理误区

1. 盲目乐观、期望过高的自负心理

大学生在求职就业过程中，容易出现就业期望值过高，盲目乐观的自负心理。就业期望值是指大学生对职业能在多大程度上满足个人愿望的评估，适中的期望值对大学生顺利就业非常重要。受多种因素的干扰和影响，大学生就业期望值居高不下。就业期望值过高，反映出大学生对自身在社会中的定位没有正确的认识。不少大学生一方面希望自己能建功立业，能够在今后的工作中有一番作为，另一方面又怕到基层和边远地区会吃苦。个体在进行社会定位时，必须认真考虑自身的知识与能力水平、专业的社会适应性、自身的个性特征等因素，经过综合考量后，得出合理的职业期望值。

小张，某高校本科生，中共党员，担任过班级学习委员、学生会负责人，曾被评为优秀学生干部，多次获得专业奖学金。在毕业生双选会上，相继被几家单位看中，但他嫌公司规模不够大，条件也不是太好，并不是很中意。况且他认为自己条件好，不怕找不到好的单位，他给自己的定位是进入沿海中心城市的大公司，至少也要留在省会城市。后来试了几家公司，也都因为与自己心里的目标有所差距而拒绝去参加面试。在等待和找寻中，转眼来到六月，看着周围很多同学都拿到了单位签约函，他心中不免有些着急。后来，他去了某公司工作，从普通实习生一直做到经理助理，但总觉得离自己的梦想太远，于是又转而去一家省会城市的电视台应聘，做了半年实习生，因为竞争太激烈未被录取。一直抱有美好期望的小张最终却未能得偿所愿。

2. 缺乏自信、依赖他人的畏怯心理

有的大学毕业生尽管具备了一定的实力和优势，但面对激烈的竞争，却觉得自己这也不行，那也不行，完全不如别人。自卑让他们缺乏竞争的勇气和自信。当他们进入就业市场时，常常感到不安，一旦中途受挫，就会觉得自己真的做不到。在激烈的就业竞争中，这种心理障碍是成功的大敌，必须认真克服。自信是打开就业成功之门的金钥匙，如果在严峻的就业形势下能保持自信，不怕与强手竞争，那么自己已经先赢三分。当然，自信是要以实力为基础的，盲目的自信与陷入自卑往往只有一步之遥。在求职竞争中，毕业生要自信，更要自强。求职择业的过程很难一帆风顺，困难挫折在所难免，这就要求毕业生正确对待自己的失败和挫折，理性分析局面，并加以修正和完善，重整旗鼓，再度出击。

某高校需要选用一名心理学专业的毕业生从事心理健康教育工作。因为有良好的专业基础和比较充分的准备，成绩优异的李梅从十几个竞争对手中脱颖而出。如果不出意外，这个岗位非李梅莫属。但不承想半路杀出个程咬金，去北京参加考研面试回来的同班同学陈林，因一分之差考研失败，听到这个大学的用人信息，便带着推荐材料去了人事处，陈林优秀的履历也受到了用人单位的青睐，最后人事处决定让这两位同学通过试讲决出高下。来了个强劲的对手，本来觉得稳操胜券的李梅这下慌了，她觉得陈林成绩很好，又能说会道，自己肯定无法获胜。以至于去试讲的头一天晚上她因为焦虑几乎失眠了，第二天试讲中也因为紧张而晕头转向，根本未发挥出正常水平。而陈林则镇定从容，挥洒自如。最终结果不言而喻。

3. 盲目攀比、夜郎自大的傲慢心理

每个人的生活环境、家庭背景及能力和性格不同，遇到的机遇也是不相同的，在择业目标、职业选择上不具有可比性，但有的大学生争强好胜，容易引发攀比心理。有的大学生在求职过程中忽视自身的特长和发展空间，盲目攀比。特别是看到自认为不如自己的同学找到了好工作，就认为自己一定能找到更好的工作，因而挑来挑去，一次次延误签约的时机。这种脱离实际、不顾个人特长、一味盲目攀比的做法最终只会耽误了自己。也有很多学生在求职就业中人云亦云，一味追捧热门岗位，缺乏个人主见和判断，往往因为眼前的利益，忽视长远的发展。什么是最好的工作？适合自己的才是最好的。

小宋所学的能源与动力工程专业比较热门，他本人在各方面的能力也比较优秀，曾三次获得专业奖学金，并多次被评为优秀学生干部。但出乎意料的是，直至毕业，他都没有找到满意的工作，同学们也不太理会他。这是为什么呢？原来，小宋在找工作时并没有树立正确的就业心态。四年的努力学习让小宋在班里成绩名列前茅，他一心认为自己找的工作一定要是同学中最好的。最开始找工作时他收到了几家用人单位的面试通知，后来看到别的同学去应聘更好的单位，他就也要去。因为他的出现，使得其他同学相形见绌，失去了被录用的可能；而当用人单位选定他而拒绝别人后，小宋又看上别的更好的单位，犹豫不决，再三拖延。同学们对他的行为十分反感，一些用人单位也因为他耽误了人才录用，从而对这所学校毕业生的认可度降低。老师对他的行为进行批评，但他全然没有认识到，仍然往返于各大招聘会场。由于他总想要“最好”的，总想要超过所有同学，以至于到毕业前，他的工作还没有着落。

4. 犹豫观望、徘徊不前的保守心理

职业的选择往往也是对机遇的一种把握，错过机遇，将会与成功失之交臂。有一些毕业生其实已经手握好几个录用通知，但就是不想作出决定，总担心错过后面更好的机会。他们在求职中总是患得患失，犹豫不决，结果等走出校门时还未能成功签约。这类毕业生一直没有弄清楚对自己来说最重要的是什么,往往会失去许多良机。

案例

小王是一所本科院校的毕业生,虽然学习成绩不突出,能力也不算很优秀,但他面对激烈的竞争并不着急。他觉得他所学的专业很多工作都需要长期在野外,用人单位一般只能招聘男性,而他们这届毕业生中男生较少,因此他一定可以为自己争得一席之地。某知名企业来校招聘,由于工作需要,确实许多岗位倾向于招男生。小王和几位同学一起参加了初面并被确定为拟聘人员,只要通过笔试即可被确定录用。考试的日期越来越近,别的同学都在认真复习,小王则天天打球、看小说、上网,似乎考试与自己无关。因为小王认为,原本轻轻松松就能找到的工作,现在还要跑到省外去参加什么笔试,长这么大最烦大大小小考试的他,根本没想过要去参加这次考试。虽然后来听到签订了协议的同学们说起各种福利和待遇时,心中不免有些失落,但他心想下次再找一家流程没这么复杂的单位应聘就行了,以后多的是机会,也许还有更好的呢。就这样,后来他又去了几家用人单位,但总是因为各种原因未能成功,直到毕业离校时,小王都没有找到合适的工作。

5.悲观失望、听天由命的消极心理

有些同学缺乏竞争意识,不敢积极主动地迎接挑战;有些同学坐在家里,守株待兔,等待机会找上门来;有些同学觉得自己平平无奇,大学四年既没有当过学生会干部,又没有拿过奖学金,没什么竞争力,求职择业中不敢对自己的未来有过高的期待，不战而退，甘拜下风，到了快毕业时草草找个“婆家”把自己“嫁”出去。特别是一些冷门专业的毕业生，因为就业市场狭小，经常处于一种焦躁不安、悲观失望的情绪之中。有的学生则面对单位的不公平条约也不敢反驳，只能睁一只眼闭一只眼，不敢积极维护自己的权益，从而给日后工作带来了很多麻烦。

辅导员张老师通过走访毕业生寝室得知，临近毕业，某寝室6位女生最近情绪不太好，成天唉声叹气，打不起精神。问其原因，原来是这个专业的就业市场不景气，在几次大型招聘会上，需要这个专业的单位比较少，待遇又不好。同届其他专业的同学都陆续与用人单位签约，但本专业签约人数很少，签了约的情况也很一般。毕业后究竟何去何从，不管签没签约，大家都觉得前途迷茫。整个寝室弥漫着忧郁、焦虑、浮躁、不安的氛围。在大学认真学习了四年，但到找工作时，因为专业缘故，可能面临毕业即失业，她们决定先不找工作了，听天由命，有单位去的就待两年再另谋出路，没单位的就跨专业去考研。

（二）常见的就业心理障碍

大学生在求职择业的过程中常常面临着种种心理冲突，进而产生各种矛盾的心态：他们希望自主择业，但又不愿承担风险；渴望竞争，又缺乏竞争的勇气；胸怀远大理想，但又不愿正视眼前现实；注重专业能力的发展，但又互相攀比、爱慕虚荣；对自我抱有充足的信心，但在遇到挫折之后，又容易自卑;既崇尚个人价值的实现,又有较强的依赖感。所有这些职业目标上理想和现实的反差,自我认知上自傲与自卑的并存,职业理想上独立性和依赖感的错位,使得部分大学生在求职择业中感到十分迷惘和困惑,有的甚至产生了比较严重的心理问题。一些比较严重的心理问题如果没有及时发现,并加以纠正、克服,久而久之就可能演变成心理障碍。

1. 焦虑心理

大学毕业生既希望谋求到理想的职业,又担心被用人单位拒之门外,担心自己在择业上的失误会造成终身遗憾,并对未来的职业生活感到心中没底,因此在就业过程中存在一定焦虑,成天陷于各种不必要的担心之中,造成精神紧张、烦躁不安、意志消沉,甚至彻夜难眠,行为上也表现得反应迟钝、手忙脚乱、无所适从,影响用人单位对其作出正确评价。

2. 抑郁心理

随着“双向选择”就业制度的确立,择业竞争的加剧,大学生承受的外在压力也就相应增多,择业过程中所遭受的挫折也可能比以前更大。有的学生在就业受挫后不能正确调整心态,变得不思进取、情绪低落,有的甚至放弃一切积极的求职努力,听天由命,严重时甚至对外界的环境漠然置之,不与外界交往,对一切都无所谓,导致抑郁症发生。

3. 强迫心理

强迫心理是以主观上明知不必要,但又无法摆脱的、反复呈现的观念、情绪或行为为基本特征的一种心理障碍。患有强迫症的人,明知某种行为或观念不合理,但却无法摆脱,因而非常痛苦。如在一次大型现场心理咨询中,有位打扮端庄入时的大四女生吴同学诉说自己最近十分烦恼。原来从9月份起,她一直积极做着应聘求职的准备,其中有一项就是自荐材料的制作。为了使自己的优势和特点在自荐材料中体现得更充分,她做了精心的设计。但总担心材料中有错漏,影响用人单位对自己的选用,每天要反复查看几次。明知道没有必要,可就是控制不住。通过了解得知,吴同学是一个完美主义者,她对自己要求严格,任何事情都追求完美,遇事过分谨慎,生活习惯比较呆板,循规蹈矩,且缺乏自信。

4. 急躁心理

有的学生在整个就业期情绪始终处于亢奋状态,表现得心急如焚,有的学生则是东奔西跑、四面出击。每年都有一些毕业生在并没有完全考虑成熟的情况下就与用人单位签约,一旦发现实际情况与自己想象得不一样或发现了更好的岗位,又追悔莫及,有的只好违约,给自己带来许多麻烦。

5. 偏执心理

在就业过程中,学生的偏执心理主要表现为对追求公平的偏执、对高择业标准的偏执和对专业对口的偏执。在面对一些不良社会风气时,有的学生不能正确对待,将自己就业的一切问题都归结于就业市场不公平,给自己造成心理阴影。有的学生不能及时调整就业目标,降低就业期望值,甚至宁愿不就业也不改变,有的学生不顾社会需要,无视专业的适应性,只要不能干与本专业相关的工作就不签约,这样的偏执心理必然会减少就业机会。

三、影响就业心理的因素

(一)就业形势

就业市场供需总量失衡与结构性矛盾的存在增加了大学生的就业压力,使他们的理想与现实之间产生一定差距。

大学生对社会了解尚浅,理想普遍脱离客观实际,他们希望大学毕业后能立马找到心仪的工作,而对于没有任何工作经验的应届毕业生来说,这种理想一般都要在他们积累了一定工作经验后才能实现。这种理想与现实的落差导致大学生在就业时出现了一系列心理问题。

(二)众多现实矛盾

大学生从学校走向社会的过程中,会遇到诸多矛盾。比如,是就业还是考研继续深造,工作地点选大城市还是小城市,是回到父母身边工作还是到外地去打拼,是选择难得的工作机会还是选择和恋人在一起,等等。大学生在面对这些矛盾时如果不能正视现实,理智应对,在各种矛盾间左右徘徊,无法作出选择,就可能产生挫败感,降低自信心,诱发恐惧、忧虑等不良心理。

(三)自身心理素质

具备良好的心理素质是大学毕业生成就功业的基础。由于性格、成长环境、自身意识和努力程度等方面的差异,大学毕业生心理素质各不相同。很多毕业生在心理方面并不成熟,心理素质差,在面对困难和挫折时不能正视,面对矛盾时不能抉择,面对机遇时不敢争取,面对不良情绪发作时不能自我调控,不善于甄别问题和分析问题,进而导致各种心理问题。

(四)求职目标短期化和求职目的功利化

在工作区域选择上,许多大学生把大城市作为求职的首要地区。部分大学生在求职过程中,好高骛远,缺乏全局性和人生定位,一味追求短期利益和物质享受,有较强的利己性和功利化色彩。

四、大学生就业心理准备

(一)转变角色

对于绝大多数学生来说,大学阶段享受的是一种单纯而有保障的生活,学习、生活、交际、娱乐都有规律。在这样的环境里,容易萌发浪漫的情调和美好的理想,但这样的生活与现实社会自然存在一定的距离。在告别母校,步入社会之前,最重要的就业心理准备就是转变角色。所谓转变角色,主要是指由学生身份转变为社会求职者的身份,抛开浪漫,抛开幻想,认清自己的实力和社会现实,实事求是地面对就业这样一个现实问题。要想正确选择职业,就必须转变角色,不能把学校、家庭、亲友及同学所给予的关心、呵护、尊重当成是社会的最终认可,而是要摆正自己的位置,客观、冷静地进入求职状态,认识社会,了解社会,以自身的实力,积极主动地去适应社会需要。在选择社会职业的同时,也要接受社会的选择,正确地迈出人生关键的一步。

(二)正确认识自我

只有正确认识自我,才能明确自己的优势和劣势,确定合理的就业目标。大学生可以从以下几个方面认识自我。

一是充分了解自己的个性。个性是个体统一的心理面貌,是指人的心理活动中那些稳定的、具有个人特色的心理特征和心理倾向组合而成的有层次的动力整体结构。个性特征包括气质、性格、能力。由于个性特征左右着个体的行为表现,个体特征的职业适应倾向也是十分明显的。就业前要根据自身的个性特征来决定如何选择职业。大学生择业前应了解自己的心理活动是倾向于外向还是内向,是认真负责还是轻浮粗心,是活泼热情还是好静羞涩,是机智敏捷还是呆板迟钝,是沉着冷静还是冒失鲁莽,是勇敢爽朗还是怯懦沉默,是镇定自信还是疑虑自卑,是温柔细致还是暴躁粗心,是刚毅实干还是办事拖拉,是喜欢安静还是喜欢热闹等。可通过科学的心理测量等方式来了解自己的个性。全面了解自己的心理特点是选择职业的重要前提。

二是清楚自己有哪些兴趣爱好。人们对职业的选择往往从自己的兴趣爱好出发,所以认真分析自己的兴趣爱好就至关重要。例如在工作、学习之余,是爱好钓鱼还是跑步、打球?是爱好摄影还是绘画、书法?是爱好舞蹈还是音乐?是爱好种花种草还是养鱼养鸟?等等。这是在求职择业前必须考虑的因素。因为有的职业需要某种兴趣爱好,有的职业明确禁止和反对某种兴趣爱好。

三是分析自己的能力、特长。能力、特长应包括教育培训的程度,因为从很大程度上来说,教育和培训可以转化为能力、特长。能力包含的内容很多,主要有两个方面:一是思维能力;二是工作能力。思维能力主要包括思维的独立性、抽象性、敏锐性、广阔性、批判性、创造性、灵活性等;工作能力主要包括语言表达(包括外语)的能力、协作的能力、学习的能力、劳动的能力、专业的能力、发明创造的能力等。

第三节 大学生就业心理调适

大学生在求职择业中,不可避免地会遇到困难、挫折和冲突。这些困难、挫折和冲突常常会引起各种心理问题,既不利于择业,也不利于身心健康,严重的甚至还会影响整个人生。解决这些心理问题的根本对策是学会心理调适,在遇到挫折和冲突时,能够客观地分析自我与现实,有效地排除心理问题,从而保持一种稳定而积极的心态,达到如愿择业的目的。

一、就业心理调适相关理论

合理情绪疗法是认知心理治疗中的一种疗法,因为它也采用行为疗法的一些方法,所以也被作为一种认知－行为疗法。

合理情绪疗法的基本理论主要来自美国心理学家阿尔伯特·艾利斯(Albert Ellis)的情绪 ABC 理论:A(activating events)指诱发性事件;B(beliefs)指个体在遇到诱发性事件之后相应而生的看法、解释、评价和信念;C(consequences)指特定情境下,个体的情绪及行为导致的结果。通常人们认为,人的情绪的行为反应是直接由诱发性事件(A)引起的,即 A 引起了 C。艾利斯认为,事件(A)本身并非是引起情绪反应或行为后果(C)的原因,人们对事件的不合理信念(B)(看法、解释或评价)才是真正的原因。因此要改善人们的不良情绪及行为,就要劝导、干预非合理信念的发生与存在,而代之以合理的信念。所以,人们的情绪及行为反应与人们对事物的想法、看法有直接的关系。合理的信念会引起人们对事物适当、适度的情绪和行为反应;而不合理的信念则相反,往往会导致不适当的情绪和行为反应。

艾利斯认为合理情绪疗法可以帮助个体达到以下几个主要目标:①自我关怀;②自我指导;③宽容;④接受不确定性;⑤变通性;⑥参与;⑦敢于尝试;⑧自我接受。

合理情绪疗法的原理在于,使人们难过和痛苦的,不是事件本身,而是对事件的不正确解释和评价。事情本身无所谓好坏,但当人们赋予它自己的偏好、欲望和评价时,便有可能产生各种无谓的烦恼和困扰。如果某个人有正确的观念，他就可能愉快生活，否则，错误的思想及与现实不符的看法就容易使人产生情绪困扰。因此，只有通过理性分析和逻辑思辨，改变造成求职者情绪困扰的不合理信念，并建立起合理的、正确的理性观念，才能帮助求职者克服自身的情绪问题，让求职者以合理的人生观来创造生活，并维护心理健康，促进人格的全面发展。

合理情绪治疗的步骤：

1. 心理诊断阶段——找出不合理信念。发现不合理的思维方式、信念，弄清楚事情为什么会变成这样，怎么会发展到目前这样的境地。

2. 领悟阶段——验证不合理信念。认识到结果的出现不是由于事件本身不合理，而是个人情绪使然。

3. 修通阶段——挑战不合理信念。以针对不合理信念进行辩论为主要治疗技术，帮助求职者放弃不合理信念，使求职者发生认知层面的改变。

4. 再教育阶段——改变不合理信念。巩固心理治疗成果，进一步消除其他的不合理信念，避免再次成为不合理信念的牺牲品。

二、大学生如何进行心理调适

心理调适是实现心理健康的有效手段。为了维护心理健康，大学生应该了解并掌握心理调适的途径和方法，不断调整自身的心理状态，积极适应社会的变化，勇敢地迎接就业的挑战。

（一）提高心理调适的自觉性

人生是一个不断变化发展的历程，也是个人对环境不断适应的过程。

在人生的某些阶段，由于环境条件的改变，社会对个人会提出新的更高的要求，有时候个人可能会感到难以适应。此时，如果个人能够主动、自觉地适应社会的新要求，就可以较顺利地进入一个新的人生阶段；相反，如果个人无法适应社会的新要求，就会影响自身的成长和发展，严重的还会危及身心健康。

大学生面临毕业时，应该考虑社会给自己提供了哪些职业岗位，自己有多少选择的机会和可能；同时也应想到如何认识自己、调整自己，使自己作出最佳选择并尽快适应职业活动。前者属于就业的环境问题，在很大程度上不以个人的意志为转移；后者则是心理问题，属于个人可以掌握的部分。认识环境、把握自己、尽快做到心理适应，是顺利实现就业的积极可行的途径。在日常生活中，很多人的通病是在实现自己的目标的过程中，常常不去认真地了解、分析自己可掌握的那一部分因素，却企图主宰自己不可能驾驭的那一部分因素。不少大学生在择业的过程中也容易步入同样的误区。因此，在求职择业过程中，大学生应当充分认识心理调适的作用，提高自我心理调适的自觉性，尽量通过自身的努力使自己保持一种良好的心态，以利于合理择业、顺利就业和健康成长。

（二）正确认识和评价自我

面对激烈的就业竞争，积极地进行自我心理调适，可以帮助大学生消除心理紧张，促进心理平衡，保持好的心态。

进行自我心理调适，首先要正确认识和评价自我，这是进行自我心理调适的基础。因为只有正确地认识和评价自我才能找到自我调适的立足点。可以通过以下几种方法认识和评价自我。

1. 自我反省

自我反省也叫自我静思，就是面对各种矛盾和冲突时，首先能冷静地、理智地思考自我、认识自我、评价自我,找到自我的确切位置。面对择业,大学生除了要客观地分析就业环境外,最主要的是要正确地认识自我和评价自我,应当明确自己的爱好特点是什么,自己的性格气质是什么,自己最适合干什么工作,自己的优势和劣势是什么,自己的择业发展方向是什么,等等。只有通过理智、冷静的自我思考,才能对自己有一个客观的评价,使自己在择业过程中处于积极主动的地位。

2. 社会比较

人不可能脱离社会而存在,要正确地认识和评价自我,离不开社会比较。首先,要将自己与社会上其他人做比较,特别是要通过与自己条件、地位类似的人的比较来认识自己,而不是孤立地认识自己;其次,要通过社会上其他人对自己的态度来认识自己;最后,通过分析自己参加社会活动的结果来评价和认识自己,通过客观的评价参照尺度来认识自己。如果一个人对自己的评价与他所进行的社会比较的结果基本一致,那就基本可以认为他的自我认识发展得比较好,比较客观;如果不一致,差距太大甚至相反,那就表明他的自我认识发展不好,不够客观。

3. 心理测验

心理测验是心理测量的一种工具和手段。心理测验的方法很多,主要包括智力测验、人格测验和能力测验等,相关的心理学著作中都有详细的介绍,大学生可以根据自己的需要选择使用。要注意的是,一定要选择心理学专家编制的权威的、标准化的测量,最好能在专家指导下使用。

(三)心理调适的方法

如果常常出现焦虑不安、不满、自卑、自我否定等心理失衡状态,则可以尝试用以下几种方法进行心理调适。

1. 自我转化法

有些时候,不良情绪是不易控制的,但可以采取迂回的办法,把自己的情感和精力转移到其他活动中去。

2. 自我适度宣泄法

在因挫折造成焦虑和紧张时,可以向父母、朋友、老师倾诉,甚至可以痛哭一场,求得安慰、疏导和同情。但是,宣泄一定要注意场合、身份、气氛,注意适度,并且应确保是无破坏性的。

3. 自我慰藉法

自我慰藉的实质是自我辩解。择业中遇到困难和挫折,当自己已尽了主观努力仍无法改变时,可以找一个自己可以接受的理由让自己保持内心的安宁,承认并接受现实,以求得解脱。

4. 松弛练习法

松弛练习法也叫放松练习,是一种通过练习学会在心理上和躯体上放松的方法,它可以帮助人们减轻或消除各种不良的身心反应,见效迅速。

5. 借用外力法

在维护和促进心理健康中,大学生除了增强“自身免疫力”,提高自我调适能力外,还要积极向学校、社会寻求帮助,积极参加心理咨询活动,尤其是积极接受心理咨询人员的帮助。人的心理出现矛盾,特别是出现较大的心理负担和压力之后,内心冲突激烈,自我调节难以奏效,很难转变心理认知时,外来力量的帮助就显得非常重要。这时,大学生就应该及时主动地寻求外来的帮助。

当然,心理调适的方法还有很多,其实最主要的还是要树立远大的理想，树立正确的人生观和价值观，同时要注意培养良好的品质，磨炼坚强的意志，培养乐观豁达的生活态度。只有这样，才能在就业择业的重要关头，始终保持积极向上的精神状态和健康的心理，不至于在困难面前退缩。

三、大学生如何有效避免紧张焦虑

（一）建立自信

自信是求职成功的心理基础，缺乏自信常常是性格软弱和不能良好展示自己的主要原因。一般来说，缺乏自信的人自尊心很强，但不懂得如何积极地获取自尊，为了追求一种不使自尊心受到伤害的安全感，为了不在别人面前暴露自己的弱点，不敢坦率地介绍自己，不敢大胆地推荐自己，实际上这正是低估自己的表现。被别人轻视，也常常是由于自己的自卑和逃避造成的。在求职过程中，有的大学生希望给对方留下好的印象，但又总是怀疑自己的能力，不相信自己能够做到，所以，只要置身于陌生人面前，便会产生不知所措的惊慌。面对当今激烈竞争的人才市场，自信、敢于竞争者才能够掌握求职的主动权，缺乏自信、唯唯诺诺的人更容易成为竞争中的失败者。建立自信心的前提是要看到自己的长处、优势，要认识到别人也不一定什么都好，自己也不是什么都不如人。不要把招聘者看得过于神秘。从心理学上讲，求职者在面试时心理上处于劣势，往往把招聘者看得过高，好像他们能洞悉自己内心的一切。其实，每个招聘者也都是普普通通的人，了解了这一点也就不会有畏惧感了。此外，不要老想着自己的缺点，每个人都有自己的缺点和不足，也有自己的优点和特长。多想想自己的优点、优势和特长，即使有缺点，对这一工作来说也可能是优点。通过这样的暗示，可以增加自信，消除紧张。可以肯定地说，坚定、自信是求职成功的重要基础。

（二）消除紧张

许多求职者求职失败，并不是因为他们缺乏适应工作的能力，而是因为过度紧张，使招聘者对其稳定性产生怀疑。因为面试不仅是了解求职者的知识和人品，更重要的是通过相互交谈来测试求职者的应变能力和处事能力。如果过度紧张，甚至怯场，求职者的能力、才华就无法展现。那么，怎样才能克服紧张情绪呢？

第一，不要把面试看得过于重要。如果总是担心因面试失败而失去工作机会，就会加重心理负担，增加紧张感。请记住这样一句话：即使面试失败了，也没有失去什么，却得到了面试的经验，还有更好的机会在等待，胜败乃兵家常事。

第二，掌握说话节奏。控制说话速度也有利于减少紧张。在紧张的情况下，说话速度会越来越快，进而导致思维混乱，讲的内容也会条理不清，甚至张口结舌，使对方难以听懂讲话者要表达的真正意思，有时，还会给人慌张或有气无力的感觉。这时，放慢说话速度有助于稳定情绪和理顺思路，从而保证口齿清楚、思路清晰、有条不紊。当然，速度要适当，也不可过慢，不要故意把话音拖长。

第三，承认紧张。如果紧张难以消除，可以坦率地告诉招聘者：“对不起，我有点紧张。”对方会理解的，甚至还会安慰你，帮助你放松。对求职者自身来说，承认紧张，心情就可能会慢慢平静下来，紧张情绪就会逐渐消失，而且面试的气氛也会融洽起来。承认紧张，对推荐自己并没有什么消极影响，反而会表现出你的诚实、坦率和求职的诚意。有时采用破釜沉舟、背水一战的态度面试，也能消除紧张。有一位女生有过这样的经历。在一次毕业生与招聘单位的见面会上，由于害怕失败而造成的紧张使她连续被六家单位拒绝，当见面会快结束时，她心急如焚，抱着“豁出去”的想法，找了个招聘单位展示自己。出乎意料，这家单位看中了她，当即决定录用，原因是她这种背水一战的态度，使她变得轻松、豁达、无忧无虑。

（三）善于化解求职造成的心理压力

大学生要善于化解求职造成的心理压力。

1. 善于调整求职心态

大学生对求职择业要有正确的认识，求职择业是人生的一件大事，但又是一件十分平常的、具有多种选择的事情，不要把它看得过分重要。对求职择业要有一颗平常心，找到满意的工作不要沾沾自喜，暂时找不到工作也不要悲观失望，要对求职择业保持信心、耐心和恒心。

2. 注意自我减压

对于求职择业的大学生来说，被自己心仪的用人单位拒绝，个人的情绪可能会受到影响，产生挫折感和失落感，这是非常正常的现象。对此大学生要用积极的心态，认真地思考、分析求职失败的原因，找出自己存在的不足，总结经验教训，改变求职的策略，为下次求职做准备。

四、勇于竞争，迎接挑战

在激烈的就业竞争中，大学生要想取得成功，既要敢于竞争，又要善于竞争，以迎接挑战。

（一）敢于竞争

大学生就业制度的改革为毕业生和用人单位提供了“双向选择”的机会，使大学生能够根据国家的就业政策，结合自己的专业、爱好、性格、特长、愿望等选择工作岗位，可以通过适当的途径和方式展示自己、推荐自己，获得用人单位的青睐。大学生应当珍惜这个机会，敢于竞争，树立竞争意识，敢想、敢说、敢干，有敢为天下先的精神，努力实现自己的抱负。但要注意要靠真才实学参与竞争，不能互相拆台或不讲信誉，同时还要做好经受挫折的准备。求职择业的过程中充满竞争，失败在所难免，有了充分的思想准备，才会成为竞争中的强者。

（二）善于竞争

大学生要想在求职择业中取得成功，仅仅做到敢于竞争是不够的，还必须善于竞争。善于竞争既体现在具备良好的心理素质、实力和良好的竞技状态，也体现在从实际出发，充分考虑到自己的专业、性格、气质、爱好等，扬长避短。在求职面试时一定要轻松自如，特别是要克服情绪上的紧张和焦虑，同时还要做到仪表端庄，举止得体，表达清晰，采用适当的方式推荐自己，给用人单位留下良好的第一印象。如果大学生能以稳定的情绪对待求职择业，就更容易在激烈的就业竞争中取胜。

第四节　大学生就业心理问卷

一、积极心理资本问卷（PPQ）

“题项”一列的句子描述了个人目前如何看待自己。请判断每一句描述和自身情况的符合程度，并在该描述后面相应的数字上打“√”。

题 项	选项						
	完全符合	不符合	有点不符合	说不清	有点符合	比较符合	完全符合
1. 很多人欣赏我的才干	1	2	3	4	5	6	7
2. 我不爱生气	1	2	3	4	5	6	7
3. 我的见解和能力超过一般人	1	2	3	4	5	6	7
4. 遇到挫折时，我能很快地恢复过来	1	2	3	4	5	6	7
5. 我对自己的能力很有信心	1	2	3	4	5	6	7
6. 生活中的不愉快，我很少在意	1	2	3	4	5	6	7
7. 我总能出色地完成任务	1	2	3	4	5	6	7
8. 糟糕的经历会让我郁闷很久	1	2	3	4	5	6	7
9. 面对困难时，我会很冷静地寻求解决的方法	1	2	3	4	5	6	7
10. 我觉得自己活得很累	1	2	3	4	5	6	7
11. 我乐于承担困难和有挑战性的工作	1	2	3	4	5	6	7
12. 不顺心的时候，我容易垂头丧气	1	2	3	4	5	6	7
13. 身处逆境时，我会积极尝试不同的策略	1	2	3	4	5	6	7
14. 压力大的时候，我会吃不好、睡不香	1	2	3	4	5	6	7
15. 我积极地学习和工作，以实现自己的理想	1	2	3	4	5	6	7
16. 情况不确定时，我总是觉得会有很好的结果	1	2	3	4	5	6	7
17. 我正在为实现自己的目标而努力	1	2	3	4	5	6	7
18. 我总是看到事物好的一面	1	2	3	4	5	6	7
19. 我充满信心地追求自己的目标	1	2	3	4	5	6	7

续表

题项	选项						
	完全符合	不符合	有点不符合	说不清	有点符合	比较符合	完全符合
20. 我觉得社会上好人还是占绝大多数	1	2	3	4	5	6	7
21. 我对自己的学习和生活有一定的规划	1	2	3	4	5	6	7
22. 大多数时候，我是意气风发的	1	2	3	4	5	6	7
23. 我很清楚自己想要什么样子的生活	1	2	3	4	5	6	7
24. 我觉得生活是美好的	1	2	3	4	5	6	7
25. 我也不知道自己的生活目标是什么	1	2	3	4	5	6	7
26. 我觉得前途充满希望	1	2	3	4	5	6	7

请核算总分，得分越高说明心理资本的积极倾向越强，得分越低则说明消极倾向越强。

二、成人心理资本问卷

“状况描述”一列描述了一些每个人可能遇到的问题和面对的挑战，请试着回想你平常或是过去一个月来，对相关描述的看法，答案无好坏对错之分。反应1和反应2对应着两种相反的情况，它们之间是7个数字。1表示非常符合反应1，2表示比较符合反应1，3表示有点符合反应1，4表示不确定，5表示有点符合反应2，6表示比较符合反应2，7表示非常符合反应2。尽量不要选4。请在相应的数字上画“√”。

状况描述	反应1	对应数字	反应2
1. 出乎意料的事情发生时	我总能找到解决办法	1 2 3 4 5 6 7	我经常不知所措
2. 我遇到的一些问题	是无法解决的	1 2 3 4 5 6 7	我知道如何解决
3. 我对自己的能力	坚信不疑	1 2 3 4 5 6 7	很不确定
4. 我对自己的判断和决定	经常怀疑	1 2 3 4 5 6 7	深信不疑
5. 身处逆境时我倾向于	灰心绝望	1 2 3 4 5 6 7	积极进取
6. 面对那些我无法控制的事情	我总是设法去适应	1 2 3 4 5 6 7	常常让我烦恼和担忧
7. 我对未来的规划	很难成功	1 2 3 4 5 6 7	很可能成功
8. 对于未来的目标	我知道如何实现	1 2 3 4 5 6 7	我不知道如何实现
9. 我觉得我的未来	充满希望	1 2 3 4 5 6 7	前途未卜
10. 对于未来的目标	我还很不明确	1 2 3 4 5 6 7	我已经深思熟虑过
11. 我____时感觉最好	有明确的奋斗目标	1 2 3 4 5 6 7	想到哪就做到哪
12. 当开始做一件新的事情或参与新的活动时	我很少提前作计划	1 2 3 4 5 6 7	我常提前进行周密计划
13. 我擅长	规划时间	1 2 3 4 5 6 7	浪费时间
14. 有规划和有规律的活动	在我的日常生活中不存在	1 2 3 4 5 6 7	使我每天生活简单化
15. 我喜欢	与其他人在一起	1 2 3 4 5 6 7	独处
16. 在社交场合中游刃有余	对我来说并不重要	1 2 3 4 5 6 7	对我来说很重要
17. 交新朋友这件事	我可以轻易做到	1 2 3 4 5 6 7	我觉得很困难

续表

状况描述	反应 1	对应数字	反应 2
18. 和陌生人交流	对我来说很困难	1 2 3 4 5 6 7	是我所擅长的
19. 与其他人在一起时	我很容易笑	1 2 3 4 5 6 7	我很少笑
20. 对我来说,想出好话题	是困难的	1 2 3 4 5 6 7	是容易的
21. 我的家庭关系的特点	是疏离的	1 2 3 4 5 6 7	紧密联系在一起
22. 困难时期,我的家人	对未来的看法很乐观	1 2 3 4 5 6 7	觉得未来希望渺茫
23. 面对外人时	我的家人彼此之间并不支持	1 2 3 4 5 6 7	互相支持
24. 在家里我们喜欢	各做各的事	1 2 3 4 5 6 7	一起做事
25. 那些擅长鼓励我的人	是一些亲密朋友或家人	1 2 3 4 5 6 7	不存在
26. 我与朋友间的联系是	微弱的	1 2 3 4 5 6 7	紧密的
27. 我的社会支持来自于	家人或朋友	1 2 3 4 5 6 7	没有
28. 当我有需要时	没有人可以帮助我	1 2 3 4 5 6 7	总有人可以帮助我

请核算总分。总分 150 分以上,表示具有极高的心理资本,可以应对极高的压力和挑战;总分 125 分以上,表示心理资本处于较高水平,可应对较高压力和挑战;总分 100 分以上,表示心理资本处于中等水平,可应对一般压力和挑战;总分 100 分以下,表示需要加强和训练自己的心理资本,以应对挑战和危机。需要注意的是,部分问题为反向题目,用来提高问卷的信度和效度。

第五章　简历撰写

也许此刻的你还没有完全意识到简历在求职找工作中的重要意义,下面让我们看一些有趣的数字:在北京,平均一个职位会收到1000名求职者的简历,其中只有200名求职者的简历是合格的。据应届生求职网统计,规模较大的企业一般每周会收到500份至1000份电子简历,其中的80%在管理者浏览不到20秒后就被删除了。要让别人在20秒内通过一份简历对你产生兴趣,比跟用人单位直接见面推销自己要难得多,这也可以看出,简历对于求职者的重要意义。

对于应届毕业生而言,简历就是你的名片,是你派去招聘单位的代表,往往先于你本人与招聘单位见面,向招聘方讲述你的过去,展示你的现在,表达你的意愿,昭示你的决心。简历的重要性已毋庸置疑,它甚至有可能承载着你的未来。

第一节　简历概述

当我们打开手机、电脑、电视,通常会看到各种各样的广告,这些广告可以让我们对商品有一个初步的了解。好的广告会让我们对商品、品牌等留下深刻、生动的印象。简历就是一种介绍个人的广告,是自我推销的工具,用来展示个体的工作技能以及它们对于未来雇主的价值。简历的主要目的是帮助个体获得面试机会。好的简历虽然不能直接帮助一个人获得一份工作,但是会对求职起到积极的作用。

简历最重要的是向用人单位传递诸多核心要素与内容,一般情况下有如图 5－1 所示的对应关系。

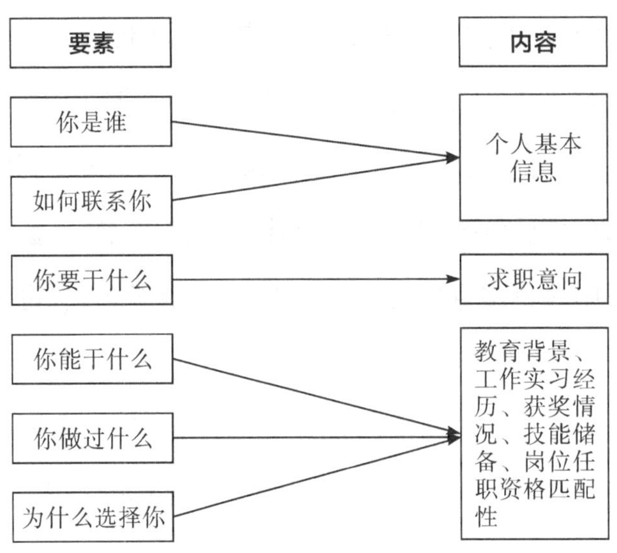

图 5－1　简历的要素与内容

如何写出一份好的简历,已然成为所有毕业生要面对的问题。总的来说,一份好的简历应以展示工作技能为核心,并且有针对性地撰写、客观具体地描述。

第二节　简历撰写的原则

撰写个人简历是试图通过简练的文字展现个人的基本信息和综合素质，让雇主对求职者有初步了解，并对求职者与岗位的匹配程度进行初步判断。个人求职成功与否取决于应聘和招聘双方的需求是否达成一致。因此，求职者撰写简历时，首先需要遵循一定的原则。

一、目标明确

求职者目标要明确，简历要围绕一个求职目标来写，含糊的、毫无针对性的简历会使求职者失去机会。

二、简洁明了

好的简历不是专业知识和实践经验的简单罗列，所以简历的内容应该翔实精简、层次分明，能让招聘者看完简历后对求职者的个人情况一目了然。

三、事例论证

事实胜于雄辩，在简历中阐述的能力与知识水平应当有事例支撑，这样才能真正地印证自己的价值和技能。

四、实事求是

求职者应以诚信为本，简历要真实地反映求职者的真实信息，不要故意夸大自己的才能，更不要试图欺骗招聘者。

像制作产品说明书一样写简历

在我们开始学习制作简历前，先来测试一下你是不是真的会写简历。

写简历很简单吗？下面，考考大家。

例题 1　简历的页数可以控制在几页？

A. 简历内容越多越充实，应该写两页

B. 一页就够了，可以省略一些无关内容

C. 不能确定几页，有多少内容就写多少页

例题 2　怎样让简历看起来更充实呢？

A. 网上随便下载一个就好

B. 能吸引眼球的模板

C. 商务简洁的模板

例题 3　怎样提高投简历的命中率？

A. 不要写明求职意向，这样任何工作都能投递

B. 海投简历，提高命中率

C. 写清求职意向，有的放矢地投递简历

例题 4　简历最上方应该写什么标题？

A. 简历　　　　B. 个人简历　　　　C. 不写

例题5　简历上的获奖证书和荣誉越多越好吗?

A. 是的,多多益善

B. 不是,要写有用的

C. 不写,反正我啥也没有

(正确答案:1. B　2. C　3. C　4. C　5. B)

产品说明书上的内容通常分为广告部分与说明部分。

广告部分:产品名称对应个人基本信息,产品的使用方向对应求职意向,产品性能对应个人能力,产品优势对应所获荣誉奖励等。

说明部分:产品的使用历程对应工作经历、社团经历等,产品的换代历程对应教育经历、培训经历等。

这样打比方的好处在于,可以将自己比作产品,思考别人凭什么购买自己,让自己换位思考,激发自己的反向思维,学会如何在简历中强调自己的求职意向、生涯规划、稳定发展的意愿以及核心竞争力。

在高校毕业生招聘季,每名招聘者查看简历的时间都是按秒计算的,因此如何在有限的简历空间中最大限度地传达信息是简历内容和版式设计的中心思想。所以,建议求职者要像制作产品说明书一样写简历,如图5-2所示。

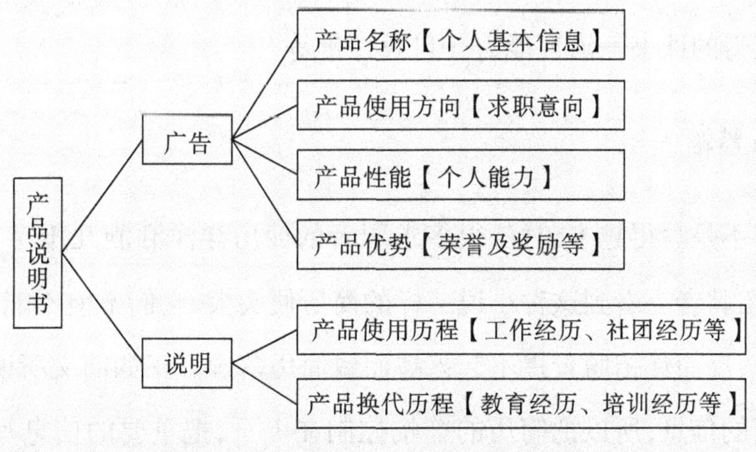

图5-2　简历与产品说明书的对应

第三节　简历制作技巧

一、简历版式设计

(一)排版

对于缺乏工作经验的应届毕业生,招聘单位关心的是学生的学校和专业背景,以及社会实践和个人成绩、获奖情况,所以应根据招聘单位的侧重点把重点内容放在简历的最前面。一般情况下,合理的顺序应该是:个人信息—求职意向—学校背景和专业—社会实践或者在校的活动—个人成绩或者获奖情况—所获得的证书—技能—自我评价等。

对于有经验的职场人士,招聘单位关心的更多的是工作经验和学历,所以一般这样排序:个人信息—求职意向—工作实践—教育经历—培训经历—所获得的证书—语言能力—自我评价等。

(二)篇幅

简历不是写得越多越好,很多求职者的简历洋洋洒洒几千字甚至上万字,通常招聘者一看到这种小说一样的简历便头大,它们不但不能吸引招聘者的目光,反而让招聘者提不起兴趣而致简历落选。正如前文所说,招聘者只看有用的信息,所以把简历的篇幅控制在 1 页,把重要的信息写上,如需要英文简历的话再加上英文版 1 页,一共 2 页足矣。如果有一些特别经历需要重点描述，也顶多再加1页，即中英文共3页就够了。这主要是针对应届毕业生和一般求职者。

如果求职者应聘的是高级管理层，一般也不会通过网上投递简历，而是由猎头或者自己直接将简历送到用人部门主管的手里，人事主管一般都会花时间认真阅读，这种简历写6～8页都不为多。

（三）字体

招聘者经常反映的一个问题是求职者简历的字体使用非常不规范。艺术字、宋体、黑体、彩色字等都一股脑地堆在简历上，并且字体的大小、颜色、形状等都完全不统一。这些对于每天要审阅几百甚至上千份简历的招聘者来说，简直就是视觉污染。

比较正确的做法是：正文标题可以用"三号"或者"小二号"字，可加粗。正文用"五号字"或"小四号"字，不要用到"四号"以上的字，否则会显得字体过于肥大，不够秀气。正文要用"宋体"或者"新宋体"，这符合大家的阅读习惯。段落标题用字可以比正文大一号，也可以只是加粗或者加下画线，不要用斜体或者加框。

英文简历正文可以用新罗马体（Times New Roman），正文标题和段落标题可以用Arial Black，字体大小可参考中文版本。

（四）颜色

简历里所有的内容都应该只用一种颜色，那就是黑色。招聘者只关心内容，也不想被过分花哨的东西分散了注意力。并且，一般情况下，招聘者往往会将初步筛选出来的简历复印成多份，然后将复印件交给上级，如果原件是彩色的，经过复印后彩色部分很可能会变得不够清晰，大大降低简历的美观度。

（五）封面

一般情况下，求职简历不需要封面，直接把中英文简历订在一起给招聘单位就够了。因为这些封面不便于招聘者直接浏览简历。想一想，招聘者要快速地从几百份求职简历中筛选出不超过30份的面试简历，速度要有多快。

二、简历内容设计

（一）个人基本信息

个人基本信息主要传递个人基本情况，内容包括姓名、照片、性别、出生年月、籍贯、民族、联系地址、联系电话、联系邮箱等。还有一些可选信息，如政治面貌、毕业时间等。

（二）求职意向

求职意向用于表达求职者的求职愿望，可以说求职意向是简历的核心，简历的所有内容全部是围绕求职意向展开的。在简历中明确列出求职意向，能直接表达出自己的目的和动机，从而让用人单位一目了然，这也是证明自己有明晰职业规划和对岗位有明确认知的表现。因此，建议求职者在简历中写明自己的求职意向。

表5-1中罗列了一些在撰写求职意向时存在的问题和建议，供求职者参考。

表 5 – 1 撰写求职意向时存在的问题和建议

问题	建议
求职意向不明	求职意向表述要开门见山、言简意赅,切忌冗长隐晦、含混不清,说来说去不知道到底要说什么,即使求职意向不是十分明确,也要尽量说出一个求职的方向和大类
求职意向放置位置不合理	求职意向最好直接置于个人信息之下比较显著的位置,让招聘者迅速判断是否匹配
有多个求职意向	一份简历最好只有一个求职意向,如果有多个求职意向,建议分别针对不同的意向撰写不同的、有针对性的简历
求职意向与所学专业、实习经历等不相符	为了提高求职成功率,简历应当围绕求职意向撰写,如果实际专业、实习经历与职位存在关联性就着力突出关联点及其重要性;如果真的没有关联性,不建议直接求职,应先掌握岗位对应的能力再应聘,磨刀不误砍柴工
薪酬问题	薪酬问题不是求职意向的一部分,除非用人单位明确要求,一般不能写在求职意向部分,因为会给用人单位造成还未入职就提要求的负面形象。这种负面形象尤其印证在要求的薪酬高于用人单位的标准时;而如果要求得过低,求职者又会拿到不符合自身能力的薪酬。因此薪酬问题除非单位明确要求作出说明,否则简历中不要谈及,等待面试时具体讨论

(三)实践经历

工作/实习经历是简历的重要内容,一定要真实、丰满地写明最能展现自己与应聘岗位相关的技能和经历。但是很多求职者,尤其是应届毕业生不太会描述自己的经历，要么根本不知道怎么写，要么写得跟流水账一样。这就需要对简历内容进行聚焦和分类。

聚焦：简历内容必须与岗位要求相匹配。

分类：根据岗位需求，对简历内容进行分类。

撰写示例1与示例2的同学的求职意向为通信行业销售岗位。示例2中，他围绕意向岗位要求，将示例1中的经历重新聚焦分类，罗列出销售、宣传相关经历和通信相关经历两类，使得招聘者在浏览简历时，能第一眼看到他所需要的内容。

示例1

实习经历与社会实践

北京网聘咨询有限公司　　(实习生)　　2012

- 处理文档，整理文件，以及其他相关事务
- 绘图并处理技术类突发问题

学生会宣传部　　组长　　2011/3～2012/10

- 定期组织内部会议，管理学生会干事
- 负责策划学生会的活动与干事评选
- 每年一次招新

收获：掌握了非常好的与人打交道的技巧和方法，学习了组织管理的知识

实践小组组长　　2012/9～2012/10

- 黄马甲义卖报纸活动，面向学校周围的居民区

校园活动

“探梦杯”　　2011/4

- 由学校组织观看三星“探梦杯”西安分区竞赛

“新生杯”　　2010/10

- 足球赛　　后卫

职业发展协会　　2011/8～2013/9

- 每周三晚于食堂组织活动（考试周休息）
- 参加了招新工作，负表打印传单，印刷海报和横幅

示例2

销售&宣传相关经历

2011.08~2013.09　陕西××××大学职业发展协会　组织部

- 走访了近200个寝室，招揽新会员300多名
- 与社区管理员做大量的沟通工作，为进入寝室拜访做好准备
- 总结协会为学员提供的利益，通过分发传单、张贴海报、悬挂横幅、设摊答疑、宿舍楼走访等方式进行宣传
- 多次举办30人左右的宣讲座谈会，向到会者推介协会
- 广泛建立与新生的关系，通过新生的彼此介绍，加强协会的品牌推广

2011.03~2012.10　陕西××××大学学生会宣传部　组长

- 带领5人小组负责学生会所有活动的网络宣传工作
- 带领宣传小组设计网络宣传方案，并通过校内网络落地实施，实际上拓展了寝管中心形象推广的渠道
- 调查同学需求，基于学校师生的实际需要，制作使用方便的软件光盘，在校园内进行推广，并受到广泛欢迎

通信相关经历

2012.09~2012.10　"OPPO校园俱乐部"项目　运营实习生

- 挖掘分析网友使用习惯、情感及体验感受，结合产品特点撰写3份传播策划方案
- 根据OPPO客户诉求，基于产品特点，组织2场200人左右的品牌传播活动
- 在官方微博平台中，打造"OPPO校园俱乐部"的概念，为OPPO公司"增粉"3000人左右
- 因成绩显著，成为OPPO的校园代言人

2010.09~2014.06　陕西××××大学通信学院　通信专业学习

- 系统学习通信概论、电信工程与管理、移动网络应用、数字通信等知识
- 获得电信工程与管理课程竞赛二等奖

(四)技能的表达

简历制作的目标是试图向雇主证明自己有良好的能力，足以胜任这份工作。因此，求职者的简历应当以自己与工作相关的能力为主线。求职者所列举的任何能证明自己能力的经历，都将增加自己得到工作的机会。要做到这一点，求职者需要对自己拥有什么样的能力有清楚的认识，同时还要了解具体职业所要求的技能是什么。最后，求职者还需要在简历中将自己与职业相关的技能以恰当的语言和事例充分地表达出来。

由此可见，找到与应聘岗位相关的经历和信息，并且用适当的表述刻画出自己的能力就显得尤为重要。这里我们可以采用"形容词(或副词)+动词+名词+数量词"的撰写方式。形容词(或副词)代表的是自我管理技能，表达的是你是一个什么样的人；动词代表的是可迁移技能，即你能做什么;名词代表的是专业知识技能,体现你知道什么;数量词是将你的经历进行量化,使得你的经历更具有说服力。将四类表达融合在一起,可以对自己的技能进行相当具体、确切的描述和说明。例如:独立—组织—200 余人—参加—大型院系摄影比赛;娴熟地—翻译—英文材料。

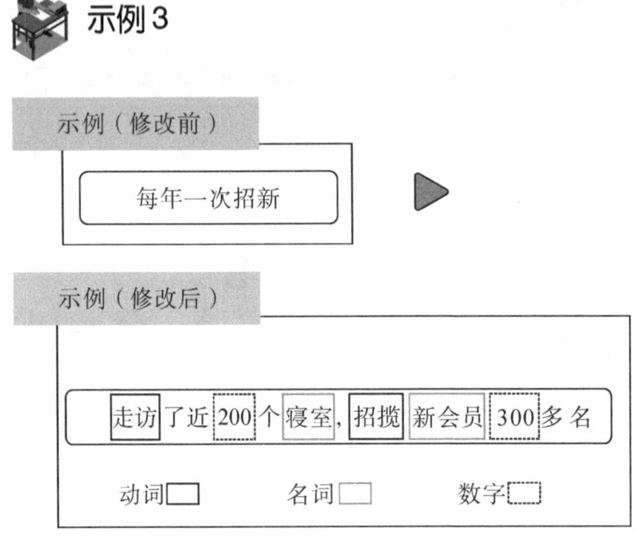

示例4

示例（修改前）

校职业发展协会

- 多次参与策划校园活动，如“牙签搭桥比赛”，包括前期宣传、海报制作等
- 负责招聘会现场组织
- 每年一次招新

示例（修改后）

2012.12—2013.06

职业发展协会

· 走访了近200个寝室，招揽新会员300多名
· 与社区管理员做大量沟通工作，为进入寝室拜访做好准备
· 通过印制传单、海报、横幅、设摊答疑等方式进行寝室宣传
· 多次举办30人左右宣讲会，向到场者推介协会
· 广泛建立与新生关系，通过新生的彼此介绍，加强协会品牌推广

动词☐ 名词☐ 数字☐

STAR 成就故事法则也被越来越多的求职者用到简历撰写中。

第一，情境（situation）：你在经历中的角色是什么？

第二，任务（task）：你面对的任务是什么？

第三，行动（action）：你是如何完成工作的？

第四，结果（result）：你行动的结果是什么？从你的行动中，你得到了什么？有没有完成你的目标？你从中获得了什么经验教训？之后有没有用到这些经验？

简单来说，STAR 法则就是用“在……情况下，为了完成……任务或达到……目标，我做了……最后结果……”的句式来叙述一件事，这样的叙述方式很容易给人留下逻辑清晰的印象。归根结底，招聘者想看到的，不仅仅是求职者曾经达到的高度，更想看到求职者在平时所做的努力和最终收获的技能与知识。此外，这部分简历在写作中要以结果为导向，强调业绩和成绩，切勿只罗列条目。

示例5

示例（修改前）

2012.02—2012.06 网上订餐管理系统
项目描述：我主要负责后台管理的登录，系统管理员可以进行餐品管理，添加会员信息，删除会员信息，修改会员信息，以及查询会员信息。在需求下，我对已经开发完的项目进行测试维护和修改，其中处理了大量的bug（故障、程序错误），使得程序和系统运行更加稳定。
责任描述：本系统能为客户提供浏览餐品介绍、点餐等服务。本系统的前台主要分前台登录和前台界面两部分，前台界面包括网页首页、订餐流程、餐品的展示、网上订餐信息发布和后台登录等模块，后台界面主要包括餐品管理、订单管理、用户管理等模块。本系统适合在中小型餐饮企业中推广使用，它能够优化订餐业务流程，实现企业价值最大化，同时使得成本最低化，并最终提高自身在餐饮行业中的竞争优势。

示例（修改后）

项目经历 Star原则

2012.02—2012.06网上订餐管理系统　situation（情景）
-系统为客户提供餐品浏览、点菜订单等服务　task（任务）
-负责处理后台管理员信息，对完成后的项目进行测试、优化
-运用sql server（一种数据库管理系统）进行前后台连接，实现后台对会员信息的添加和删除
-后期对用例进行测试，提交bug，跟踪bug，执行回归测试
（以上三项：action（行动））
-该系统已尝试在3家餐厅推广使用，优化订餐的业务流程，降低成本　result（结果）

（五）奖项和作品

该部分需要强调的是避免奖项和作品的堆砌，以奖项和作品的难得性以及与工作岗位的相关性作为基准进行排序，就像下图的示例一样，在列举奖项及作品的同时，还要体现奖项及作品的难易度，凸显奖项的分量。

示例6

荣誉：国家励志奖学金（2次）　一等奖学金（1次）　二等奖学金（2次）
证书：会计从业资格证书、银行从业资格证书
干部荣誉：优秀学生干部、团干部标兵

第四节　简历制作注意事项

一、简历应简明扼要

简历的主要内容应包括个人信息、联系方式、学习经历、实习(工作)经历、爱好特长等。简历中的每一句话对应聘都应起到积极作用,无关的一律免去。

招聘者在简历的初次筛选中,一般面对着数百份,甚至数千份的简历,往往首先会根据符合企业岗位条件的一些关键词(比如毕业学校、专业、学历等)进行快速浏览。应制作简单明了的简历,便于招聘者发现你,但也不要为了追求简单而遗漏部分容易疏忽的信息,比如许多单位对毕业生生源、政治面貌等比较关注,因此在个人信息中,像籍贯、出生地、政治面貌等容易忽略的个人信息应列举清楚,以供参考。

简历最好不要加封面,假如一定要有封面,那么请务必把求职者的姓名、学校、专业、学历学位、应聘岗位、联系方式等个人重要信息放在封面最显眼位置，以便于招聘者查找。假如简历的封面花哨到将这些关键信息掩盖或虽然封面上有关键信息但不够明显，那么求职者很可能在筛选这一环节就被“误杀”。除非招聘者在第一次筛选过程中找不到足够的符合条件的简历，否则，一旦被误杀，求职者“生还”的希望就不大了。求职信能免则免，特别是那些千篇一律互相抄袭的求职信。假如一定要有，那么请放在简历最后部分，并建议针对不同的应聘单位写不同的求职信，最好能在求职信中出现一些与应聘单位密切相关的特有词语。假如求职者对自己的硬笔书法有信心，求职信用手写则更佳。

二、简历制作应注重细节

联系方式应在首页最显眼处标识，千万不要放在某处很不显眼的地方。如有可能，请在简历每页的显眼处予以标识。对某些有细分专业的应聘岗位应明确自己选择的岗位。比如给排水专业的毕业生是应聘市政给排水，还是应聘建筑给排水，应明确告知，以避免引发误会。

目前很多用人单位都是在网上接收电子简历，甚至直接在邮箱内进行首次筛选。一般用人单位对于电子邮件的主题格式、附件格式等都有具体要求，此时毕业生务必要按用人单位的要求做，以确保简历不会被“误杀”，况且这也是对招聘者工作者的一种尊重和理解。如果用人单位没有具体格式要求，一般情况下，要以“应聘××岗位—姓名—学校—手机号”作为电子邮件的主题。此外，个人简历和证书、作品等的扫描件最好以附件 1、附件 2 的形式发送，这样可以方便用人单位根据不同的需要下载。

列举实习经历时应根据应聘单位和岗位的不同有所侧重，把与应聘岗位有关的、有助于说服用人单位对求职者另眼相看的实习经历写上，以突出自己的优势。无关的实习经历一律不写。

简历中的个人特长、兴趣爱好应根据应聘岗位的特点有所侧重，把最与应聘岗位相关的个人特长和兴趣爱好进行适当描述和表达。用人单位招聘毕业生，除了考察求职者的培养潜质外，还会考察求职者是否能融入其企业文化，和企业一起成长。

此外，对自己投过简历的单位应心中有数，对几个重点目标单位应牢记于心，以避免出现招聘单位与你联系时，对方重复了几次，你还连对方是哪个单位都没有听清楚的窘境出现。

三、简历应真实无误

不要弄虚作假，这一点尤其重要。每个毕业生都希望自己的简历能在千军万马中脱颖而出，于是有些求职者就想方设法对自认为不是很满意的地方加以修饰或掩盖。这种心情是可以理解的，但是，没有了诚信，就算你才华横溢，又如何在社会上立足呢？例如，有来自同一个学校、同一个专业、同一个班级的两位求职者提交的同一学年的两张成绩单复印件，其中一张的必修课门数比另一张少了两门，并且少课程的那张成绩单覆盖后重新复印的痕迹非常明显。还有，同一个项目，不止一次地在不同求职者的实习经历中出现，并且简历的主人均被冠以"项目负责人"称号等等，以上求职者的最后结果都是可想而知的。

避免在简历中出现各种小错误。虽然只是一个小错误，但失去的可能是大机会。例如：性别栏中，"男"写成了"女"；学习起止时间栏中，"2019年9月至2023年7月"写成了"2018年9月至2022年7月"；手机号码11位写成10位或13位；出生年月栏中，1999年写成2999年，等等。这些都是可能导致一票否决的错误。

简历最好不要互相抄袭，这是很多错误产生的根源。例如：明明是

“2023 年 × × 大学应届毕业生”，简历封面上却写着“2019 年 × × 大学应届毕业生”；更有甚者，简历上的姓名和证书复印件及成绩单上的姓名都对不上。

写简历的几点“忌讳”

1. 啰唆无重点

有些同学在写简历的时候，生怕漏了自己的任何一个优点，洋洋洒洒地写一堆。最后导致简历的逻辑太乱，内容堆砌、千篇一律，该突出的不突出，没有亮点的内容占了太多空间。

这种没有重点、没有条理的简历真的很让招聘者头大！有招聘者表示：“95% 我想要雇用的应聘者，都是持有一份一页纸的完美简历。”

2. 没有干货

有的简历里通篇都是“我热爱这份工作”“我没有经验但是有学习的心态”“本人积极乐观，吃苦耐劳”“思维开阔，并且有良好的学习能力”，这样的表达方式在招聘者看来就是小学水平，求职者说了这么多不如直接上干货：参加了什么相关项目，取得了怎样的成果，为从事这份工作做过哪些努力，等等。

3. 简历照片是自拍或艺术照

其实简历上的照片并没有那么重要。据调查，在招聘者浏览简历的几分钟时间里，照片最多只能得到 5% 的重视度，甚至很多没有照片的简历，因为出色的内容，也能迅速得到招聘者的认可。

绝大多数公司是不会要求简历附上照片的。但是简历附上照片也有好处，大部分面试官在看简历的时候，会不由自主被简历的照片吸引，或多或少花时间看照片。

但是要放照片的话，请千万别放那些45度角自拍，而且还加了厚厚的滤镜的自拍照，或者是经过多种美化的艺术照，一定要放很正式的证件照，毕竟找工作是件很严肃的事情。

4. 无中生有，夸大其词

班长、团支部书记、某校园社团负责人、学生会某部部长……诸如此类的职务在毕业生的求职简历上往往能吸引审阅者的目光。但这样的职务一多，未免让用人单位犯了迷糊——那些没当过“官”的普通学生都去哪儿了？

更严重的就是毕业院校和实习经历造假，这些一面试就会曝光的事情，千万不要做，更不要心存侥幸，觉得不会被发现，诚实无论何时都是做人的第一准则。

5. 一份简历走天下

写简历要根据所投的单位和求职的岗位有针对性地写，展示自己针对这个岗位的竞争力。很多求职者总是一份简历走天下。这样的万能简历要么就是没有针对性，很难说服招聘者，要么就是驴唇不对马嘴，明明应聘的是产品经理，但是却说自己文字编辑能力强，招聘者一眼就能看出这份简历不是针对这个岗位写的。这种不契合既表现出求职者对这个职位的不重视，也表现出求职者的懒散，不负责任，难免给招聘者留下不好的印象。

所以在投递简历之前，要仔细阅读岗位要求，根据岗位要求来调整自己的简历，将和岗位相符的内容作为重点进行展示。

应届毕业生简历自核表

说明：请根据你已经写完的一份简历的真实情况作答。如果还没写过简历，根据你想象中的简历效果作答。

测评题目	选项	
1. 在简历的开头，我清晰地写出了自己的求职岗位，招聘方一眼就能看到。	是	否
2. 在简历中，我只挑选出了与应聘岗位相吻合的经历和能力，而不是罗列了所有经历。	是	否
3. 我把与应聘岗位最密切相关的经历/能力放在简历的前面，而不是照搬简历模板填充相应的内容。	是	否
4. 在描述每一段经历时，我具体描述了自己都做了哪些事情、取得了哪些成绩/成果，方便招聘方判断我所具备的能力。	是	否
5. 在描述经历时，我使用的关键动词比较丰富，而不是只用“参与……参与……”“完成……完成……”等单一重复的动词。（如果不知道什么叫关键动词，请选“否”）	是	否
6. 我用数字、相对数字等（如全系 49 人中最高分）来量化我所取得的成绩，方便招聘方感受到我的能力和水平。	是	否
7. 自我评价部分如果没有事例/数字来证明，我就不写这一部分了。	是	否
8. 我相信在 10 秒内，招聘方就可以从简历中了解到我针对应聘岗位所具有的能力和优势。	是	否
9. 我的联系方式（电话、邮箱）清晰地写在简历的开头，方便招聘方联系到我。	是	否
10. 简历完成后，我做了检查，保证没有错别字、语法、格式等错误。	是	否

续表

测评题目	选项	
11. 如果简历中一定要放照片，我会放职业照。	是	否
12. 我的简历上没有写“简历”或“个人简历”这几个字。	是	否
13. 我的简历排版（字体、颜色等）简洁、重点突出，没有学校标志、五颜六色的图标等。	是	否
14. 我的简历长度体现了一个“简”字，尽量不超过1页。	是	否
15. 应聘不同的岗位时，我根据应聘岗位的要求针对性地修改自己的简历。	是	否

计分方法：1～6题和15题选“是”得2分，选“否”得0分；其他8道题选“是”得1分，选“否”得0分。

· 0～7分：不合格，没有吸引力。

· 8～12分：简历需要再完善。

· 13～18分：较好，可以再做完善。

· 19～22分：优秀，为了避免主观性，请同学和老师帮你再做个评价吧。

第六章　求职考试与应试技巧

第一节　主要求职考试

一、公务员考试

（一）考试解读

公务员考试，就是公务员主管部门组织录用一级主任科员以下及其他相当职级层次公务员的招录考试。包括国家公务员考试、地方公务员考试等。

国家公务员考试是指中央机关及其直属机构录用机关工作人员的考试。

地方公务员考试是指地方各级党政机关、社团等为招录机关工作人员而组织的各级地方性考试。

（二）报考流程

国家公务员考试报考公告发布时间一般为每年 10 月中旬，报名时间为

10 月下旬，笔试时间为 11 月底或 12 月初，面试时间一般为第二年 3 月左右，具体请随时关注相关信息。

各省公务员考试公告一般于 2 月底发布，发布后一周左右报名，笔试时间一般为公告后一个月左右，考试时间通常为 3 月或 4 月，面试一般于 6 月组织。个别省份考试时间会依据本省招录安排进行灵活调整，同时，如遇不可抗力或特殊情况，考试时间同样也会进行调整。

（三）笔试常见考试内容

国家公务员和地方公务员的笔试科目一般包括申论和行政职业能力测验两科，主要测查从事公务员工作应当具备的基本能力和基本素质，特别是用习近平新时代中国特色社会主义思想指导分析和解决问题的能力。

1. 申论

中央机关及其省级直属机构综合管理类职位申论考试主要测查报考者的阅读理解能力、综合分析能力、提出和解决问题能力、文字表达能力。

市（地）级及以下直属机构综合管理类职位申论考试主要测查报考者的阅读理解能力、贯彻执行能力、解决问题能力和文字表达能力。

行政执法类职位申论考试主要测查报考者的阅读理解能力、依法办事能力、公共服务能力和文字表达能力。

2. 行政职业能力测验

行政职业能力测验主要包括常识判断、言语理解与表达、数量关系、判断推理和资料分析等部分。

常识判断——主要测查报考者在政治、经济、文化、科技等方面应知应会的基本知识以及运用这些知识进行分析判断的基本能力。

言语理解与表达——主要测查报考者运用语言文字进行思考和交流、

迅速准确地理解和把握文字材料内涵的能力，包括根据材料查找主要信息及重要细节，正确理解阅读材料中指定词语、语句的含义，概括归纳阅读材料的中心、主旨，判断新组成的语句与阅读材料原意是否一致，根据上下文内容合理推断阅读材料中的隐含信息，判断作者的态度、意图、倾向、目的，准确、得体地遣词用字等。

数量关系——主要测查报考者理解、把握事物间量化关系和解决数量关系问题的能力，主要涉及数据关系的分析、推理、判断、运算等。常用题型有数字推理和数学运算两种。

判断推理——主要测查报考者对各种事物关系的分析推理能力，主要涉及对图形、语词概念、事物关系和文字材料的理解、比较、组合、演绎和归纳等。常用题型有图形推理、定义判断、类比推理、逻辑判断四种。

资料分析——主要测查报考者对文字、数字、图表等统计性资料的综合理解与分析加工能力。

二、事业单位考试

（一）考试解读

事业单位考试即事业单位公开招聘工作人员考试，这项工作由各用人单位的人事部门委托省级和地级市的人事厅局所属人事考试中心组织实施，部分单位自行命题并组织考试。

事业单位联考分为综合管理类（A 类）、社会科学专技类（B 类）、自然科学专技类（C 类）、中小学教师类（D 类）和医疗卫生类（E 类）五个类别。这五个类别笔试的公共科目均为“职业能力倾向测验”和“综合应用能力”，其中“综合应用能力”根据不同岗位的要求，考试内容各有不同。

(二)报考流程

事业单位考试招考公告一般在各省市的人事考试网或人力资源和社会保障局官网,或各级人民政府官网发布。招考单位发布公告后有报考意向者便可以查看岗位情况,选择自己想要报考的岗位。

(三)笔试常见考试内容

1. 职业能力倾向测验

"职业能力倾向测验"主要测查应试人员的基本素质和能力,包括常识判断、言语理解与表达、数量关系、判断推理和资料分析等部分。考试内容与题型与公务员考试类似。

2. 综合应用能力

"综合应用能力(A类)"是针对事业单位管理岗位公开招聘工作人员而设置的考试科目,旨在测查应试人员综合运用相关知识和技能发现问题、分析问题、解决问题的能力。

"综合应用能力(B类)"是针对事业单位社会科学专技类岗位公开招聘工作人员而设置的考试科目,旨在测查应试人员综合运用相关知识和技能发现问题、分析问题、解决问题的能力。

"综合应用能力(C类)"是针对事业单位自然科学专技类岗位公开招聘工作人员而设置的考试科目,旨在测查应试人员综合运用相关知识和技能发现问题、分析问题、解决问题的能力。

"综合应用能力(D类)"是针对中小学(幼儿园)和中专等教育机构的教师岗位公开招聘工作人员而设置的考试科目,旨在测查应试人员综合运用教育学、心理学等相关知识和技能,分析、解决中小学教育教学问题的能力。

“综合应用能力(E类)”是针对事业单位医疗卫生类岗位公开招聘工作人员而设置的考试科目,由医学基础知识和岗位专业知识应用能力两个部分组成。其中,医学基础知识部分占比60%,为客观题,所有应试人员必答;岗位专业知识应用能力部分占比40%,为2道主观题,具体分为中医临床、西医临床、药剂、护理、医学技术、公共卫生管理六个类别,应试人员应根据报考岗位选做相应类别的试题。

三、国有企业招聘考试

(一)考试解读

国有企业招聘是指国有企业为了发展的需要,根据人力资源规划和工作任务的要求,寻找、吸引那些有能力又有兴趣到本企业任职的人员,并从中选出适宜人员予以录用的过程。常见的国有企业招聘包括国有商业银行招聘、国家电网招聘、国家烟草专卖局招聘等。

(二)报考流程

国有企业招聘一般每年进行两次。第一次为秋季招聘,时间从每年9月持续至11月;第二次为春季招聘,时间从每年3月持续至5月。几乎所有国有企业的招聘都会按照以下流程进行:发布公告—网上申请—简历筛选—笔试—面试—体检录用。

(三)笔试常见考试内容

国企招聘在笔试阶段的考试内容基本为行政职业能力测试与综合知识

测试,有的岗位有英语测试和性格测试。不同单位的考试内容有较大差别,建议学生多关注历年的考试内容。

四、军队文职人员招聘考试

(一)考试解读

军队文职人员招聘考试是由中央军委政治工作部组织实施的统一招聘考试,目的是广泛吸纳社会优秀人才为军队建设服务。军队文职人员招聘根据《中国人民解放军文职人员条例》《军队文职人员管理规定》及有关政策规定执行。军队文职人员主要编制在军级以上机关和非作战部队,比如军队所属的院校、医院、科研院所、文体单位、干休机构等,主要从事教学科研、工程实验、医疗卫生、文艺体育、图书档案等专业技术工作和事务性管理保障工作。招考对象为普通高等学校毕业生或者社会人才,所有报考人员必须符合报考条件。

(二)报考流程

军队文职报名时间是统一的,报考人员根据公布的文职人员招考信息,通过军队人才网等平台报名,报考人员可按照报名流程及要求,如实填写个人信息,并提交报名材料,选择用人单位、招考岗位和考试地点。

(三)笔试常见考试内容

1. 公共科目考试内容

公共科目为报考管理岗位文职人员和专业技术岗位文职人员的共同考试科目,测查范围包括基本知识和岗位能力两部分。

基本知识部分主要包括政治、经济、法律、人文与社会、科学技术、国防和军队相关知识。

岗位能力部分主要包括言语理解与表达、数量关系、判断推理、资料分析等。

2. 专业科目考试内容

专业科目考试大纲包括哲学、经济学、法学、教育学、文学、历史学、农学、医学、艺术学、管理学等类别,不同岗位会有相应的考试内容。

五、基层就业项目招聘考试

(一)考试解读

基层就业项目招聘考试是指针对去往城乡基层工作的大学生展开的招录考试,其考试科目灵活多样,近年来以特岗教师招考、“三支一扶”招考、医疗卫生机构定向招考等为主。

特岗教师招考是中央实施的一项针对中西部地区农村义务教育的特殊招聘考试。国家通过公开招聘高校毕业生到中西部地区的“两基”攻坚县、县以下农村学校任教,引导和鼓励高校毕业生从事农村义务教育工作,创新农村学校教师的补充机制,逐步解决农村学校师资总量不足和结构不合理等问题,提高农村教师队伍的整体素质,促进城乡教育均衡发展。

“三支一扶”即选派高校毕业生到基层从事支农、支教、支医和帮扶乡村振兴的服务项目。“三支一扶”招考即针对“三支一扶”项目展开的招聘考试,工作时间一般为 2 年,工作期间给予一定的生活补贴。工作期满后,自主择业,择业期间享受一定的政策优惠。

医疗卫生机构定向招考是指招聘部门事先明确地限定了具体方向或目的的医疗卫生机构工作人员招聘活动，招聘单位主要是县级及以下医疗卫生机构，如县医院、县中医医院、县妇幼保健院、乡镇卫生院等。

（二）报考流程

1. 特岗教师招考（以陕西省特岗教师招录为例）

陕西省特岗教师招考报名统一在“陕西省特岗教师管理信息系统”进行。具体时间一般为6月底到7月初。6月底前，可以在陕西省教育厅官方网站等平台查看特岗教师招聘公告。

2. “三支一扶”招考

“三支一扶”招考报名时间一般集中在每年3～7月，全国各地根据“三支一扶”计划实施情况，报名时间有所不同，详细参照各地招考公告具体时间安排。陕西省“三支一扶”报名网站为陕西省人事考试网，报名时间一般为7月底到8月初。

目前陕西省的“三支一扶”招考主要同事业单位联考一起进行，其他省份可具体关注招考公告。

3. 医疗卫生机构定向招考

医疗卫生机构定向招考以各地市发布的公告为准，考试时间灵活，不固定。

（三）笔试常见考试内容

1. 特岗教师招考

不同省份的特岗教师考试题型可能会有差异，但较为常见的主要有选择、判断、填空、简答及论述等题型。准备时,建议考生关注所在省份的具体要求,并进行针对性复习。

2.“三支一扶”招考

各地“三支一扶”招考的考试形式和内容差异较大。目前陕西省主要同事业单位联考一起进行,主要考察“职业能力倾向测验”和“综合应用能力”。也有以考察公共基础知识为主的省份。

3. 医疗卫生机构定向招考

各地医疗卫生机构定向招聘考试形式和内容差异较大。部分地区无笔试,以结构化面试的方式直接考核,部分地区为笔试+面试,笔试科目也各有不同。如有的考试科目为“公共基础知识”和“医学基础知识”,有的则参考事业单位联考的E类。

第二节　应试技巧

书山有路勤为径,学海无涯苦作舟。备考是一个循序渐进的过程,需要掌握正确的学习方法,夯实知识基础。

第一阶段:挖掘考题,了解考情。历年试题不仅是考题,也是一种对考试大纲的诠释,所以挖掘考题的价值至关重要,它可以帮助考生明确复习方向。因此同学们要有针对性地学习近三年各类考试真题,准确把握历年试题的考察内容、题目数量、作答要求、作答时间等,做到针对性备考。

第二阶段:模块训练,提升技巧。“九层之台,起于累土”,“申论”和“行政职业能力测验”都是以具体题型来考察,为了提高备考效率,打好基础,防止出现“眉毛胡子一把抓”的乱象，考生可以根据考察内容和题型，分模块学习，快速掌握作答技巧与方法，各个击破。

第三阶段：套题训练，提升素养。招聘考试是对应聘者综合能力的考察，不仅要考察考生运用知识的能力，还会考察考生能否运用考试技巧，特别是能否合理安排考试时间。到了第三阶段，就要严格按照考试时间进行套题训练，把习得的知识在规定的时间内进行呈现。

第四阶段：考前冲刺，高分保障。“临阵磨枪，不快也光”，考前的半个月，要进行高强度学习，把每个科目的各种题型进行梳理，查找知识漏洞，在考前尽力弥补，不要把问题留到考场。同时开始学习时政热点，且熟记理论政策。

第七章　职业道德与法律保障

第一节　职业道德

德不优者，不能怀远。长期以来，党和国家高度重视职业道德建设。职业道德作为社会主义核心价值观的重要组成部分，主要包含爱岗敬业、诚实守信、办事公道、热情服务、奉献社会。

一、职业道德的基本内容

（一）基本认识

职业道德有广义和狭义之分。从广义上讲，职业道德是指同人的职业活动紧密联系的道德准则、道德情操与道德品质的总和，它既是对人在职业活动中的行为要求，同时又是职业对社会所承担的道德责任与义务。从狭义上讲，职业道德是指在某种职业活动中应遵循的基本道德准则，反映这种职业特性和职业关系的准则和职业规范，涵盖了从业人员与服务对象、职业与职工、职业与职业之间的关系。

党的十八大以来，以习近平同志为核心的党中央高度重视社会主义文化建设，大力培育和践行社会主义核心价值观，为实现中华民族伟大复兴的中国梦提供思想保证、精神力量、道德滋养。职业道德是推动社会发展的重要力量，社会道德水平的提高、道德风尚的改观、社会主义精神文明建设目标的实现，都离不开职业道德建设的加强。

职业道德作为社会道德在职业活动领域内的特殊表现形式，它的核心内容是为人民服务。因此，必须在坚持社会主义核心价值观的前提下，重视和加强职业道德建设，处理好继承和创新的关系，不断总结经验和成果，多层次、多形式、全方位扎实推进职业道德建设。

（二）具体内容

1. 爱岗敬业是为人民服务精神的具体体现

《礼记·学记》有言，“一年视离经辨志，三年视敬业乐群”，认为学习的第二个阶段就应学会敬业。在当代社会，热爱与敬重自己的工作和事业，已经成为职业道德的灵魂，是各行各业的劳动者应当遵循的基本价值规范之一。

爱岗敬业是为人民服务精神的具体体现。爱岗敬业是职业道德的核心，是从业人员应该具备的一种崇高精神，是恪尽职守、奋发有为、无私奉献的前提和基础。敬业方可成事，一个把事业看得比生命还重的人，定会收获更有价值的人生。从业人员首先要严格遵守职业道德，干好本职工作，同时又要热爱工作，献身所从事的行业，把自己的人生理想和追求落实到工作上，就能在平凡的岗位上作出非凡的贡献。从业人员有爱岗敬业的精神，就会在工作中自觉学习、刻苦钻研、提高本领；就会兢兢业业、一丝不苟，完成各项艰巨的任务;就会不甘现状、开拓创新、不断超越自己;就会帮助别人,与同事携手,共同创造佳绩。

2. 诚实守信是为人民服务的前提

“诚者,天之道也;思诚者,人之道也”(《孟子·离娄上》)。“人而无信,不知其可也。”(《论语·为政》)诚实守信是中华民族的传统美德,在人际交往中要做到真诚相待,不失信誉。诚实守信,对于从业人员修身立德尤其重要。

诚实守信既是做人准则,也是对从业者的道德要求,是行业树立形象的根本所在,是个人在社会中生存和发展的基石;各个行业和其从业人员都应当自觉遵从国家政策法规和社会主义核心价值观,诚实做事、诚信待人,做到规范有序、取信于民。一个人如果没有诚信,就会失去别人的信任和支持,也会失去成长和发展的机遇。发展市场经济需要遵纪守法、依法办事,需要每个人都遵守职业道德,诚实守信是为人民服务的前提。

3. 办事公道是为人民服务必不可少的要求

《论语·子路》有言:“其身正,不令而行;其身不正,虽令不从。”这是要求为政者必须身正行直,办事公道。办事公道作为职业生活中的道德规范,要求从业人员在职业活动中做到公平、公正,不谋私利,不徇私情,不以权损公,不以私害民,不假公济私。

办事公道具体指坚持真理、公私分明、公平公正、光明磊落,是每个从业人员应当具备的职业品质,是企业生存和发展的基本保证,是抵制行业不正之风的重要武器。在工作中,坚持廉洁自律、洁身自爱,不徇私情、不谋私利,是对所有从业者的基本要求;坚持勤政爱民、处事公正、服务群众,是所有从业者为人民服务必不可少的前提条件;坚持胸怀天下,以实现中华民族伟大复兴为己任,是所有从业者提高服务质量的精神动力。办事公道对于新时代加强廉政建设、坚持反腐倡廉、提高全体从业人员的职业道德情操，具有十分重要的意义。

4. 热情服务是为人民服务精神在职业生活中的具体化

全心全意为人民服务，是指一切以人民的利益为出发点和归宿，它是职业道德在生活中最直接的体现。

每个从业者都是人民群众的一员，“为人民服务”本质上是人民“自我服务”，即公民之间通过相互服务来谋求共同的幸福，每个职业岗位上的服务者，在别的岗位面前都是被服务者。热情服务的基本要求是热情周到，热情就是主动、耐心、热心，周到就是周全、细致、实在；热情服务的根本目的是满足需要，即在职业活动中坚持以人民为中心的发展思想，为人民着想，为人民办事，充分尊重人民群众的愿望，以人民的需要作为自己的工作需要，满足人民群众提出来的合理、正当的要求，为人民提供高质量的服务。在职业活动中，每个从业者都自觉地遵循服务人民群众的要求，整个社会就会形成一种人人都是服务者、人人又都是服务对象的和谐状态。

5. 奉献社会是为人民服务实践的归宿

“鞠躬尽瘁，死而后已”“横眉冷对千夫指，俯首甘为孺子牛”的共同特征是讲无私奉献，即有热心、有责任感，充分发挥主动性、创造性，竭尽全力做事，自觉自愿地为社会发展贡献力量。

奉献社会就是要求从业人员在工作岗位上树立先公后私、公而忘私、大公无私的职业精神，并通过兢兢业业的工作，把自己的知识、才能、智慧等，无保留、不计报酬地贡献给人民、贡献给社会。奉献社会的基本要求是把公众利益、社会效益摆在第一位。每位从业者要有奉献意识和奉献行为，要处理好“义”和“利”的关系，处理好社会效益和经济效益的关系，处理好个人利益和单位利益的关系，要增强热情服务、无私奉献的意识，提高服务和奉献的本领。奉献社会的道德要求体现了社会主义核心价值观的目标指向，是一种忘我无私的精神，是职业道德的最高境界。所有的社会主义职业道德规范，爱岗敬业、诚实守信、办事公道、热情服务等都要体现奉献社会的职业精神。

二、大学生如何培养职业道德

职业道德作为一种社会意识形态，需要长期的积累与沉淀。大学的学习生活往往会对学生毕业后的职业生涯和职业道德的养成产生很大影响。大学生应该注重培养高尚的职业道德，为以后正确处理职业内部、职业之间、职业与社会之间、人与人之间的关系做好准备，为将来进入职场打下坚实的基础。

（一）加强创新意识培养，提升创新能力

创新是引领发展的第一动力，人才是支撑发展的第一资源。创新的根基在于人才，而创新的起点则是人才的培养。创新能力是我国新发展阶段对大学生职业素养的要求之一，也是大学生适应时代发展需要具备的一项能力，因此，大学生要加强创新意识的培养，提升自己的创新能力。

在学习过程中，大学生要认识到培养创新实践能力的重要性，树立创新意识和参与实践的意识，主动参与、乐于探究、勤于动手。积极主动参与有助于提升自身创新实践能力的活动。比如参与大学生科技创新竞赛，检验学习效果和拓宽知识面，同时要重视实习，参与社会实践活动，将创新性实践项目带入社会中，去锻炼自身的创新实践能力，并检验自身是否能够在实际工作中运用创新能力。

（二）强化责任意识培养，提升敬业精神

责任意识是一种自觉意识，是在无人监督的情况下，能严格要求自己，按制度、规范和道德标准做事，遵守规定、担负责任和履行义务的自觉行为。责任感是用人单位非常看重的重要品质之一，是人走向社会的关键品质，是一个人在社会上立足的重要资本。

大学生应从以下两个方面强化责任意识，提升敬业精神。一方面，要结合专业知识和职业生涯规划课程的学习，树立正确的世界观、人生观和价值观，把个人的前途命运融入中国特色社会主义的伟大事业中，着眼于服务他人和奉献社会，着眼于爱国主义和集体主义，坚持国家利益、集体利益高于个人利益，着眼于职业道德和职业精神，把自己的职业目标同远大理想结合起来，在工作岗位上忠实地履行对社会、对国家、对人民的责任，自觉地把责任意识转化到“全心全意为人民服务”的行动中去，并在这一过程中实现个人的正当利益；另一方面，要在实习实践过程中，培养勇于负责、敢于负责的精神，强化实战性的职业素养培育，把课堂学习转移到企业行业实践中，与企业行业建立联系，亲临岗位去认知岗位职责，加强岗位认知，激发“做一行爱一行”的敬业精神。

（三）加强思想政治教育，提高职业道德

有效的思想政治教育，可以使人们在平衡个人利益和社会利益的关系时摆正位置，掌握正确的善恶标准，能解决并纠正价值观错位、职业道德评判偏差、社会道德心理失衡等问题。因此，大学生要加强思想政治学习，提高职业道德素养。

要培养正确的职业观，就必须重视将“立德树人”理念贯穿于自己的学习生活中。大学生不仅要重视专业知识学习，还要注重德育素质培养。只

有注重德育，才能成为德才兼备的综合型人才。在此背景下，大学生应该将社会主义核心价值观融入职业素养培养之中，在注重知识学习、技能提升的同时，还要重视对职业道德、职业精神的认识，系统学习习近平新时代中国特色社会主义思想，在校时期就要增强“四个意识”、坚定“四个自信”、做到“两个维护”，以促进职业道德提升，坚定职业信念，成为爱岗敬业、诚实守信、作风优良的创新型人才。

（四）加强合作训练，增强团队意识

在职场上，团队合作是基本的职业素养，只有具备团队意识，注重沟通协作，才能在职场上立足，为自己的职业生涯发展注入活力。

在学习生活中，大学生要注重培养沟通表达能力、主动做事的品格、乐业敬业的品质、宽容与合作的格局、顾全大局的观念等，积极参加社会实践活动、团日主题活动、班级集体活动，以及群体类项目等，在实践中学知识、受锻炼、长才干，通过活动体会竞争与合作，提前适应社会工作状态。特别应积极参与结合专业实践、社会实践的团队工作，找到自身不足，提高专业技术水平、沟通交往能力，培养团队合作精神。大学生还可以通过参加心理健康讲座、知识竞赛、日常咨询、心理图片展览等活动，培养良好的心理素质和自尊、自爱、自律、自强的优良品质，增强承受挫折、克服困难的能力，建立相互理解、友好协作的人际关系。如果在学生时期养成合作的习惯，走上职场之后就会知道注重团队协作，会懂得请教与求助，许多职场问题也会迎刃而解。

（五）加强职业规划，增强职业意识

新时代大学生职业观的树立，需要社会、高校、家庭的协同发力，更要靠个人自身的努力。在学习和工作中，大学生要随着社会的发展而不断要求

个人进步、不断创新超越自我。

学生时期做职业规划，要找准自身定位，正确认知就业市场现状与自身能力，避免期望值过高。大学生可以通过参加各类职业生涯规划讲座、见习实习等活动，在对行业岗位的工作环境及能力需求有更深体会、深入思考的基础上有针对性地剖析认识自我，修正就业或者升学等方面的目标定位，进一步明确未来职业生涯的发展方向。在低年级的“探索期”“定向期”，可围绕个人职业发展目标，着重于“自我认知、了解专业与行业”等，依据自身和专业特点确定职业目标，培养综合素质；在中高年级的“冲刺期”“达成期”，应结合职业目标定位，以强化综合能力素质提升或准备升学考试为主，加强就业技能、就业考试和考研能力的提升。求学期间要从多维度加强核心竞争力的培养，比如自我认知、职业信息处理、确立目标与自我激励、沟通协调、职业胜任与调整等能力的训练，增强核心竞争力，最终获得理想的工作。

第二节 法律保障

在求职择业过程中，大学毕业生除了要关注岗位信息搜集、递交求职材料、准备面试等具体事务外，对与自身权益保障密切相关的法律法规、就业制度等也要有所了解。在择业过程中如何正确行使自己的权利、合理有效地保护自己的利益，如何同用人单位签订就业协议、劳动合同，都是大学生应该关注的问题。

在社会主义市场经济环境下，良好的职业道德和法律素质是从业人员面向市场实现人生价值的重要条件，其重要意义在于引导人们自觉遵守道德规范和法律法规，也为市场经济的健康发展提供了道德和法律保障，保障了社会主义市场经济的有序运行。法律是职业道德的最低底线,大学生要加强职业道德和法律素质培养,努力学习职业道德和职业活动中的法律知识,努力养成敬畏法律、遵守法律、维护法律的意识,努力锻炼实际履行职业道德规范和法律规范的能力,以保证在未来的职业发展中可以行稳致远。

一、了解相关法律法规,切实提高自身法律意识

大学毕业生应对《中华人民共和国宪法》(以下简称《宪法》),《中华人民共和国劳动法》(以下简称《劳动法》),《中华人民共和国劳动合同法》(以下简称《劳动合同法》),《中华人民共和国公务员法》《普通高等学校毕业生就业工作暂行规定》,以及高校所在地就业政策、地方性法规等,都有所了解。

《宪法》中有不少条款都与劳动者的合法权益有关

第四十二条　中华人民共和国公民有劳动的权利和义务。

国家通过各种途径,创造劳动就业条件,加强劳动保护,改善劳动条件,并在发展生产的基础上,提高劳动报酬和福利待遇。

劳动是一切有劳动能力的公民的光荣职责。国有企业和城乡集体经济组织的劳动者都应当以国家主人翁的态度对待自己的劳动。国家提倡社会主义劳动竞赛,奖励劳动模范和先进工作者。国家提倡公民从事义务劳动。

国家对就业前的公民进行必要的劳动就业训练。

第四十三条　中华人民共和国劳动者有休息的权利。

国家发展劳动者休息和休养的设施,规定职工的工作时间和休假制度。

第四十四条　国家依照法律规定实行企业事业组织的职工和国家机关工作人员的退休制度。退休人员的生活受到国家和社会的保障。

第四十五条 中华人民共和国公民在年老、疾病或者丧失劳动能力的情况下，有从国家和社会获得物质帮助的权利。国家发展为公民享受这些权利所需要的社会保险、社会救济和医疗卫生事业。

《中华人民共和国民法典》《中华人民共和国就业促进法》《职工带薪年休假条例》《中华人民共和国劳动合同法实施条例》《中华人民共和国个人所得税法》《劳动人事争议仲裁办案规则》《中华人民共和国企业劳动争议处理条例》《女职工劳动保护规定》《最高人民法院关于审理人身损害赔偿案件适用法律若干问题的解释》等法律法规大学生也应该有所了解。

二、法律法规对劳动者权益的保护

（一）试用期

签订劳动合同可以不约定试用期，也可以约定试用期，但试用期最长不得超过 6 个月。劳动合同期限在 6 个月以下的，试用期不得超过 15 日；劳动合同期限在 6 个月以上 1 年以下的，试用期不得超过 30 日；劳动合同期限在 1 年以上 2 年以下的，试用期不得超过 60 日。试用期包括在劳动合同期限中。非全日制劳动合同，不得约定试用期。

根据《劳动法》，双方一旦建立了劳动关系，就要签订书面劳动合同，试用期也不例外。劳动合同必须是合法的，否则劳动合同便是无效，必须重签。按规定，签订合同以后，用人单位就应为劳动者购买社会保险，包括养老保险、工伤保险、医疗保险、生育保险、失业保险。

试用期与员工解除合同的四大要件：①用人单位对录用岗位规定了明

确的录用条件(如劳动者年龄、文化程度、身体状况、思想品德、技术业务水平、户籍关系等);②劳动者不符合用人单位规定的录用条件;③用人单位有证据证明劳动者不符合录用条件;④用人单位作出解除劳动合同的时间在劳动者试用期内。以上四个因素缺一不可。

单位不能两次试用同一人。①在试用期内解除劳动合同的,不管是用人单位解除还是劳动者解除,该用人单位再次招用该劳动者时,不得再约定试用期;②试用期结束解除或者终止劳动合同后,用人单位又招用该劳动者的,不得再约定试用期;③试用期结束后,劳动者无论是在合同期限内变换工作岗位,还是合同期满后再次续订合同时变换工作岗位,用人单位都不得再约定试用期。

(二)签订合同

(1)注意事项:①劳动者为保护自身利益,应积极与用人单位签订劳动合同,明确约定与自身利益相关的事项,如工资标准、保险福利、劳动条件等。②在签订劳动合同之前,应加强对用人单位的了解,如管理制度、企业文化等。

(2)常见的无效劳动合同有口头约定合同、一边倒合同、胁迫合同、无保障合同、附带保证合同、真假合同等。

(三)辞职离职

《劳动合同法》第三十七条规定,劳动者在试用期内提前三日,试用期满后提前三十日(书面形式)通知用人单位,可以解除劳动合同。

《劳动法》第二十四条规定:“经劳动合同当事人协商一致,劳动合同可以解除。”

《劳动法》第三十一条规定:“劳动者解除劳动合同,应当提前三十日以书面形式通知用人单位。”

（四）岗位变动

《劳动合同法》第三十五条规定：“用人单位与劳动者协商一致，可以变更劳动合同约定的内容。变更劳动合同，应当采用书面形式。变更后的劳动合同文本由用人单位和劳动者各执一份。”

《劳动合同法》第四十条规定：劳动者不能胜任工作，经过培训或者调整工作岗位，仍不能胜任工作的，用人单位提前三十日以书面通知本人或额外支付一个月工资后可以解除劳动关系。

用人单位的调节不是随便调，而是应从更加理性和人道地对待员工出发。用人单位调整岗位的目的应该是使员工尽可能地胜任工作，以继续履行双方的劳动合同。用人单位故意提供劳动者不能胜任的岗位，此种调岗应属恶意，恶意调岗之后以员工仍不能胜任工作而解除劳动关系的行为是违法的。公司支付补偿的行为并不能使其违法解除劳动关系的行为合法化。

（五）加班

如因特殊工作需要，确需延长工作时间，必须遵守相应的程序和限度规定。《劳动法》第四十一条规定：“用人单位由于生产经营需要，经与工会和劳动者协商后可以延长工作时间，一般每日不得超过一小时；因特殊原因需要延长工作时间的，在保障劳动者身体健康的条件下延长工作时间每日不得超过三小时，但是每月不得超过三十六小时。”

（六）权利义务

（1）工伤后能享受的待遇。职工发生工伤，经治疗伤情相对稳定后存在残疾、影响行动能力的，应当进行劳动能力鉴定，申请劳动能力鉴定应提供工伤认定决定和职工工资、医疗等相关资料。

(2)不得扣除劳动者病假工资。在看病难、看病贵等话题广受热议之际，一些劳动者还表达了另一层担忧，即病假工资问题。劳动保障部门为此发出提醒，用人单位在员工看病期间克扣其病假工资，属于违法行为。

(3)劳动者的竞业禁止义务。《劳动合同法》对竞业禁止适用范围、期限以及补偿方式均作出了明确规定，第二十三条规定："用人单位与劳动者可以在劳动合同中约定保守用人单位的商业秘密和与知识产权相关的保密事项。对负有保密义务的劳动者，用人单位可以在劳动合同或者保密协议中与劳动者约定竞业限制条款，并约定在解除或者终止劳动合同后，在竞业限制期限内按月给予劳动者经济补偿。劳动者违反竞业限制约定的，应当按照约定向用人单位支付违约金。"

(4)由劳动者承担违约金的情况。在培训服务期约定中可以约定违约金。用人单位为劳动者提供专项培训费用，对其进行专业技术培训的，可以与劳动者订立协议，约定服务期。违约金的数额不得超过用人单位提供的培训费用。用人单位要求劳动者支付的违约金不得超过服务期尚未履行部分所应分摊的培训费用。

(七)常见问题

1. 协议区分

大学生毕业前后可能会签署三份协议：实习协议、就业协议、劳动合同，但是不少学生和用人单位都不能区分三份协议的特点和效力。

实习协议是指在校学生通过参加实习单位的实际工作进行实践学习，明确双方权利义务的协议；就业协议是指在校学生毕业前与学校、用人单位三方签订的协议，目的在于约束学生和用人单位在毕业后建立劳动关系；劳动合同是指劳动者与用人单位建立劳动关系，明确双方权利义务关系的合同。

2. 就业协议不能取代劳动合同

在就业协议中双方已经约定了入职时间和违约金就不必再签订劳动合同其实是一种错误的理解。在明确劳动关系以后，求职者应该及时注意单位是否与本人签订劳动合同，防止工资待遇、社会保险等权益受到侵犯。

3. 劳动合同签订时间

在试用期内，从业人员与用人单位已经建立了劳动关系。因此，用人单位应当自员工在单位工作时，就与员工签订劳动合同，这当然也包括试用期，而不是等到试用期过了再签合同。

4. 职工拒签合同时单位终止劳动关系不用支付补偿

根据《劳动合同法实施条例》第五条规定，自用工之日起一个月内，经用人单位书面通知后，劳动者不与用人单位订立书面劳动合同的，用人单位应当书面通知劳动者终止劳动关系，无须向劳动者支付经济补偿，但是应当依法向劳动者支付其实际工作时间的劳动报酬。

5. 合同期满不续签不需要提前一个月通知所在公司

从法律上说，合同期满不需要提前一个月书面通知用人单位不再续签合同。当然，为了双方能更好地完成交接工作，最好能提前通知一下。

第三节　大学生就业常见法律问题解析

大学生与用人单位签订就业协议或劳动合同时，既要知晓相关法律专业知识，对内容进行分析和判断，维护自身合法权益，又要履行法律规定的义务，遵守合同的相关约定，勇于承担责任。

一、就业协议书

（一）概述

全国普通高等学校毕业生就业协议书（简称“就业协议书”）是明确毕业生、用人单位和学校三者在毕业生就业工作中权利和义务的书面表现形式。就业协议书一般由教育部或各省级就业主管部门统一编制，由学校发放，毕业生签字，用人单位盖章，毕业生本人保存一份作为办理报到、接转行政和户口关系的依据。协议在毕业生到单位报到、用人单位正式接收后自行终止。

2019 年 4 月 28 日，教育部办公厅发布《关于进一步加强高校毕业生就业状况统计核查工作的通知》（教学厅函〔2019〕22 号）要求各高校要严格执行“四不准”规定，即不准以任何方式强迫毕业生签订就业协议和劳动合同，不准将毕业证书、学位证书发放与毕业生签约挂钩，不准以户档托管为由劝说毕业生签订虚假就业协议，不准将毕业生顶岗实习、见习证明材料作为就业证明材料。

（二）基本内容

就业协议书一般包括以下几项内容：

（1）毕业生基本情况，包括毕业生姓名、性别、年龄、民族、政治面貌、培养方式、健康状况、专业、学制、学历、家庭住址等。

（2）用人单位基本情况及意见，包括单位名称、单位隶属、联系人、联系电话、邮政编码、通信地址、所有制性质、单位性质、档案转寄地址、用人单位意见、用人单位上级主管部门意见等。

（3）学校意见，包括学校联系人、联系电话、邮政编码、学校通信地址、院系意见、学校毕业生就业部门意见等。

（4）高校毕业生和用人单位约定的有关内容，包括工作地点及工作岗位、户口迁入地、违约责任、协议自动失效条款、协议终止条款、双方约定的其他事宜等。

（5）其他补充协议。

（三）签订原则

1. 主体合法原则

签订就业协议的当事人必须具备合法的主体资格。

对毕业生而言，就是必须取得毕业资格，如果学生在派遣时未取得毕业资格，用人单位可以不予接收而无须承担法律责任。

对用人单位而言，用人单位必须具有从事各项经营或管理活动的能力，单位应有录用毕业生计划和录用自主权，否则毕业生可解除协议而无须承担违约责任。

2. 平等协商原则

毕业生和用人单位在签订就业协议时的法律地位是平等的,一方不得将自己的意志强加给另一方。学校也不得采用行政手段要求毕业生到指定单位就业(不包括有特殊情况的毕业生)。双方当事人的权利义务应是一致的。除协议书规定的内容外,双方如有其他约定事项可在协议书"备注"内容中加以补充确定。

某公司是民营企业,无人事权,不能接收户口档案,所以不签就业协议书而是直接签订劳动合同。劳动合同是否能在毕业前(在校期间)签订?

案例分析:

可以。《劳动合同法》规定,用人单位与劳动者在用工前订立劳动合同的,劳动关系自用工之日起建立。

(四)协议解除

毕业生与用人单位签订了就业协议书后,毕业生和用人单位都应认真履行协议。倘若毕业生违约,应承担违约责任。已签订就业协议书的毕业生,如要违约,须办理解约手续。

1. 解约步骤

(1)到签订协议书的单位办理解约函(盖单位公章);

(2)向毕业学校提出书面申请(阐明解约理由),并附上单位及上级人事主管部门审核同意的解约函,交学校就业工作部门;

(3)学校就业工作部门根据有关规定审批换发新的就业协议书。

2. 单方解除和二方解除

单方解除,包括单方擅自解除和单方依法或依协议解除。单方擅自解除协议属违约行为,解约方应对另一方承担违约责任。单方依法或依协议解除,是指一方解除就业协议有法律上的或协议上的依据,如学生未取得毕业资格,用人单位有权单方解除就业协议,或依协议规定,毕业生未通过用人单位所在地组织的公务员考试,用人单位有权解除协议,此类单方解除,解除方无须对另一方承担法律责任。

二方解除,是指毕业生和用人单位双方经协商一致,消灭原订立的协议,使协议不发生法律效力。此类解除因是双方当事人真实意思表示一致的体现,双方均不承担法律责任。

就业协议书一经毕业生、用人单位、学校签署即具有法律效力,任何一方不得擅自解除,否则违约方应向权利受损方支付协议条款所规定的违约金(就业协议书在法律允许的范围内可自由约定是否有违约金)。从实际情况来看,多为毕业生违约。

毕业生违约,除造成本人承担违约责任,支付违约金这一影响外,往往还会造成其他不良的后果,主要表现在以下几个方面:

就用人单位而言,他们往往会为录用毕业生做大量的准备工作,有的甚至对毕业生将要从事的具体工作也有所安排。同时招录毕业生的时间相对比较集中,一旦毕业生因某种原因违约,就很可能使用人单位的招录工作徒劳无功,用人单位若重新着手选择其他毕业生，会面临很多困难，从而给招录工作带来诸多不便。

就学校而言，用人单位往往将毕业生违约行为归为学校的责任，从而影响学校和用人单位的长期合作。用人单位因毕业生违约，会对学校的推荐工作表示怀疑。从历年情况来看，一旦有毕业生违约，则受损的用人单位在几年之内都不愿到相关学校来挑选毕业生。面对激烈的就业竞争，用人单位的需求是毕业生择业成功的前提，违约事件必定会对学校的毕业生就业造成一定影响。

就其他毕业生而言，用人单位招聘的毕业生的名额是有限的，一旦与某毕业生签订就业协议，其他学生便丧失了到该单位工作的机会。若日后签约的学生违约，有些当初希望到该用人单位工作的其他毕业生由于录用时间等原因，可能也无法补缺，这就造成就业信息的浪费，影响其他毕业生就业。

因此，毕业生在就业过程应慎重选择，认真履约。

二、劳动合同

劳动合同，是指劳动者与用人单位之间确立劳动关系，明确双方权利和义务的协议。订立和变更劳动合同，应当遵循平等自愿、协商一致的原则，不得违反法律、行政法规的规定。劳动合同依法订立即具有法律约束力，当事人必须履行劳动合同规定的义务。

劳动合同有主件、附件之分，劳动合同的主件即为劳动合同书，附件一般指劳动合同的补充协议，如岗位协议书、专项劳动协议、用人单位依法制定的内部劳动规则等。

（一）必备条款

《劳动合同法》第十七条规定，劳动合同应当具备以下条款：

（1）用人单位的名称、住所和法定代表人或者主要负责人；

（2）劳动者的姓名、住址和居民身份证或者其他有效身份证件号码；

（3）劳动合同期限；

（4）工作内容和工作地点；

（5）工作时间和休息休假；

（6）劳动报酬；

（7）社会保险；

（8）劳动保护、劳动条件和职业危害防护；

（9）法律、法规规定应当纳入劳动合同的其他事项。

劳动合同除规定的必备条款外，用人单位与劳动者可以约定试用期、培训、保守秘密、补充保险和福利待遇等其他事项。

（二）基本种类

劳动合同可分为固定期限劳动合同、无固定期限劳动合同与单项劳动合同等。

（1）固定期限劳动合同，是指用人单位与劳动者约定合同终止时间的劳动合同。用人单位与劳动者协商一致，可以订立固定期限劳动合同。

（2）无固定期限劳动合同，是指用人单位与劳动者约定无确定终止时间的劳动合同。

（3）单项劳动合同，即没有固定期限，以完成一定工作任务为期限的劳动合同，是指用人单位与劳动者约定以某项工作的完成为合同期限的劳动合同。

(三)劳动合同的履行、变更、解除与终止

1. 履行

劳动合同的履行,是指劳动合同的双方当事人按照合同规定,履行各自义务的行为。依法订立的劳动合同具有法律约束力,当事人必须履行合同约定的义务,任何个人或第三方不得非法干涉劳动合同的履行。

2. 变更

(1)变更条件:订立劳动合同时所依据的法律、法规已修改或废止;用人单位转产或调整、改变生产任务;用人单位严重亏损或发生自然灾害,确实无法履行劳动合同规定的义务;当事人双方协商同意;法律允许的其他情况。

(2)变更程序:及时提出变更合同的要求;按期作出答复;双方达成书面协议。

劳动合同的变更一般是协议变更,双方当事人就变更的内容及条件进行协商,达成一致意见,应签订书面协议。我国劳动法规定,提出变更劳动合同的一方,给对方造成经济损失的,应当承担赔偿责任。

3. 解除

劳动合同的解除,是指劳动合同当事人在劳动合同期限届满之前依法提前终止劳动合同关系的法律行为。解除时须满足双方自愿、平等协商、不得损害一方利益等解除条件。

解除可分为协商解除、用人单位单方面解除、劳动者单方面解除以及自行解除等。根据《劳动合同法》的规定,劳动合同的解除有如下几种情形:

(1)意定解除。只要用人单位与劳动者解除劳动合同的意思表示一

致，解除条件即成就。

（2）劳动者提前通知单方解除。为了保障劳动者全面自由发展的权利，我国《劳动法》和《劳动合同法》均规定了劳动者的辞职权，但只有在劳动者履行一定法定程序（应提前30日书面通知）后才能成就。

（3）劳动者随时单方解除。此种劳动合同解除是在用人单位存在严重违反劳动合同的行为或者劳动者的人身受到威胁、迫害的情形下，劳动者有随时通知解除劳动合同的权利。主要包括以下情形：用人单位未按照劳动合同约定提供劳动保护或者劳动条件的；用人单位未及时足额支付劳动报酬的；用人单位未依法为劳动者缴纳社会保险费的；用人单位的规章制度违反法律、法规的规定，损害劳动者权益的；用人单位以欺诈、胁迫的手段或乘人之危，使对方在违背真实意思的情况下订立或者变更劳动合同，致使劳动合同无效的；法律、行政法规规定劳动者可以解除劳动合同的其他情形。在用人单位以暴力、威胁或者非法限制人身自由的手段强迫劳动者劳动，或者用人单位违章指挥、强令冒险作业危及劳动者人身安全的，劳动者可以立即解除劳动合同，无须事先告知用人单位。

（4）用人单位单方通知解除。劳动者存在严重违反用人单位规章制度，或存在其他严重损害用人单位合同利益的情形下，用人单位有权解除劳动合同，主要包括以下情形：在试用期间被证明不符合录用条件的；严重违反用人单位的规章制度的；严重失职，营私舞弊，给用人单位造成重大损害的；劳动者同时与其他用人单位建立劳动关系，对完成本单位的工作任务造成严重影响或者经用人单位提出，拒不改正的；以欺诈、胁迫的手段或者乘人之危，使对方在违背真实意思的情况下订立或者变更劳动合同，致使劳动合同无效的；被依法追究刑事责任的。

（5）用人单位提前30日通知解除。存在非因用人单位与劳动者的主观原因，致使劳动同无法继续履行的，用人单位提前30日以书面形式告知劳动者本人或者额外支付劳动者一个月工资后可以解除劳动合同。主要包括以下情形：劳动者患病或者非因工负伤，在规定的医疗期满后不能从事原工作，也不能从事用人单位另行安排的工作的；劳动者不能胜任工作，经过培训或者调整工作岗位，仍不能胜任工作的；劳动合同订立时所依据的客观情况发生重大改变，致使劳动合同无法履行，经用人单位与劳动者协商，未能就变动劳动合同内容达成协议的。

此外，用人单位在出现经营困难等情形，需要裁减人员，解除与劳动者劳动关系时，用人单位也需要提前30日通知全体劳动者或工会。

4. 终止

劳动合同的终止，是指符合法律规定或当事人约定的情形的劳动合同的效力即行终止。我国《劳动法》规定："劳动合同期满或者当事人约定的劳动合同终止条件出现，劳动合同即行终止。"

根据《劳动合同法》规定，有下列情形之一的，劳动合同终止：劳动合同期满的；劳动者开始依法享受基本养老保险待遇的；劳动者死亡，或者被人民法院宣告死亡或者宣告失踪的；用人单位被依法宣告破产的；用人单位被吊销营业执照、责令关闭、撤销或者用人单位决定提前解散的；法律、行政法规规定的其他情形。

5. 签订合同时的注意事项

为了保障个人利益，求职者在正式进入用人单位工作时，一定要与用人单位签订正式的用工合同，以便明确双方的权利和义务。

建议求职者在正式签订劳动合同时，要查阅对比相关的劳动合同范本，以保障自己的合法权益。一份正式的合同应该条款齐全，签订时应仔细审看合同条款是否齐全，如名称、地点、时间、劳动规则、具体工作内容和标准、劳动报酬、合同期限、违约责任、签名盖章等。如无异议，再当面同单位负责人签字盖章。

求职者一定要先确认自己签订的劳动合同是否具有法律约束力，包括用人单位必须具有法人资格，私营企业必须符合法定条件，双方签订的劳动合同内容（权利与义务）必须符合法律、法规和劳动政策，不得从事非法工作，此外，签订劳动合同的程序、形式必须合法。

求职者在签订合同之前，应该学习和了解一些劳动法律和法规方面的知识，例如合同双方当事人的权利义务，劳动合同的订立、履行、变更、终止和解除，劳动保护和保险、法律责任等知识。

还要注意一些细节问题，例如当合同涉及数字时，一定要用大写汉字；要注意合同生效的必要条件和附加条件；合同至少一式两份，双方各执一份，妥善保管；双方在签订时如有纠纷，应通过合法方式解决。

6. 违约金规定

用人单位为劳动者提供专项培训费用，对其进行专业技术培训的，可以与该劳动者订立协议，约定服务期。劳动者违反服务期约定的，应当按照约定向用人单位支付违约金。

违约金的数额不得超过用人单位提供的培训费用。

用人单位要求劳动者支付的违约金不得超过服务期尚未履行部分应分摊的培训费用。

用人单位与劳动者可以在劳动合同中约定保守用人单位的商业秘密和与知识产权相关的保密事项。对负有保密义务的劳动者，用人单位可以在劳动合同或者保密协议中与劳动者约定竞业限制条款，并约定在解除或者终止劳动合同后，在竞业限制期限内按月给予劳动者经济补偿。劳动者违反竞业限制约定的，应当按照约定向用人单位支付违约金。

除以上情形外，用人单位不得与劳动者约定由劳动者承担违约金。

7. 竞业限制

竞业限制是用人单位对负有保守用人单位商业秘密的劳动者，在劳动合同归属协议或技术保密协议中约定的竞业限制条款。

具体来说，是指用人单位和知悉本单位商业秘密或者其他对本单位经营有重大影响的劳动者在终止或解除劳动合同后的一定期限内不得在生产同类产品、经营同类业务或有其他竞争关系的用人单位任职，也不得自己生产与原单位有竞争关系的同类产品或经营同类业务。

限制时间由当事人事先约定，但不得超过两年。竞业限制条款在劳动合同中为延迟生效条款，也就是劳动合同的其他条款法律约束力终结后，该条款开始生效。

● 小王入职某公司，在签订劳动合同时发现其中的竞业限制条款规定：劳动者在与本单位解除或终止劳动合同后，不得到与本单位生产或者经营同类产品、从事同类业务的有竞争关系的其他用人单位工作，也不得自己开生产或者经营同类产品、从事同类业务。但是该合同只提出了对劳动者的竞业限制要求，并未提到单位支付竞业限制经济补偿金的相关事宜，小王对此感到比较疑惑。

案例分析：因为竞业限制条款限制劳动者的劳动自由权、生存权，竞业限制经济补偿金便是对这种情况的补偿，如果竞业限制条款只有劳动者的义务而没有补偿金，将导致劳动者的正当权益难以得到保护，违背了公平原则，所以补偿金是必需的，劳动者遵守了竞业限制约定，用人单位应当按照《劳动合同法》第二十三条规定，在竞业限制期限内按月给予劳动者经济补偿。

小王了解以上规定后，向公司要求在合同中约定竞业限制经济补偿金，那具体金额应该是多少呢？

根据《最高人民法院关于审理劳动争议案件适用法律问题的解释(一)(2020 年 12 月 25 日最高人民法院审判委员会第 1825 次会议通过)》(以下简称《解释(一)》)第三十六条的规定：当事人在劳动合同或者保密协议中约定了竞业限制，但未约定解除或者终止劳动合同后给予劳动者经济补偿，劳动者履行了竞业限制义务，要求用人单位按照劳动者在劳动合同解除或者终止前十二个月平均工资的 30% 按月支付经济补偿的，人民法院应予支持。前款规定的月平均工资的 30% 低于劳动合同履行地最低工资标准的，按照劳动合同履行地最低工资标准支付。

所以，在未约定竞业限制经济补偿金的情况下，法院支持的补偿金标准是劳动合同解除或者终止前十二个月平均工资的 30%。当然，如果单位愿意给更多的补偿金，法律没有禁止。

● 小李与甲公司解除劳动合同后，想跳槽到甲公司的竞争对手乙公司，但觉得竞业限制期限 2 年太长了，便想着如果不收取公司的补偿金，能否直接解除竞业限制协议？

案例分析：不可以。劳动者想解除竞业限制协议，可以与原用人单位协商，签订解除协议。但如果未征得原单位解除同意，而直接通过注销银行卡等方式拒收补偿金，则是劳动者自己躲避接收补偿金的主观意愿，并非原单位未支付经济补偿金，竞业限制协议仍然有效，劳动者仍需要履行竞业限制的责任。

● 某公司想与离职4个月的小张主动协商解除竞业限制协议，小张可以要求哪些补偿？

案例分析：《解释（一）》第三十九条规定：在竞业限制期限内，用人单位请求解除竞业限制协议的，人民法院应予支持。在解除竞业限制协议时，劳动者请求用人单位额外支付劳动者三个月的竞业限制经济补偿的，人民法院应予支持。

所以，公司可以与小张主动协商解除竞业限制协议，小张同意解除的情况下可以让公司额外支付三个月的竞业限制经济补偿。

● 小赵从原公司离职后，严格履行竞业限制的义务，但是原公司连续4个月都未支付经济补偿金，小赵想向法院起诉以维护其合法权益。

案例分析：《解释（一）》第三十八条规定：当事人在劳动合同或者保密协议中约定了竞业限制和经济补偿，劳动合同解除或者终止后，因用人单位的原因导致三个月未支付经济补偿，劳动者请求解除竞业限制约定的，人民法院应予支持。

所以，公司已经连续4个月未支付竞业限制经济补偿金，属于违约行为，并且已经超过了3个月，小赵可以向法院起诉要求原公司支付经济补偿金或解除竞业限制约定。

竞业限制的条款对于大部分劳动者来说可能会比较陌生，但是在一些科技、金融行业公司或销售类岗位的劳动合同中往往会约定竞业限制条款，劳动者应在了解相关法律知识的前提下谨慎签约，以更好地维护自身合法权益。

1. 实习、兼职的法律性质

实习、兼职一般不属于劳动关系，属于劳务关系，是普通的民事法律关系。实习兼职合同一般为普通的民事合同（≠劳动合同），不适用《劳动合同法》《劳动法》等法律法规，由《民法典》等调整。

《关于贯彻执行〈中华人民共和国劳动法〉若干问题的意见》第十二条规定："在校生利用业余时间勤工助学，不视为就业，未建立劳动关系，可以不签订劳动合同。"

2. 实习兼职合同常见法律问题

就业协议书是实习合同吗？劳动合同是实习合同吗？是否必须要订立书面实习兼职合同？

就业协议书、劳动合同不是实习合同。对于实习兼职，无法律规定必须订立书面合同，但是为了更好地维护合法权益，确保自己的工作范围和工作报酬，还是订立书面实习兼职合同较好。若工作范围、地点、报酬有变更，也要签一个双方同意变更的合同，这是比较有效的证据。在不方便签订书面合同的情况下，应保存好各类涉及关键信息的录音、录像及电子数据证据。

三、校园招聘常见法律问题

（一）就业歧视

目前，就业歧视尚在一定范围内存在，侵害了大学生的就业权益。比较常见的就业歧视有性别歧视、年龄歧视、学历歧视等。

《中华人民共和国就业促进法》规定：

第二十六条 用人单位招用人员、职业中介机构从事职业中介活动，应当向劳动者提供平等的就业机会和公平的就业条件，不得实施就业歧视。

第二十七条 国家保障妇女享有与男子平等的劳动权利。

用人单位招用人员，除国家规定的不适合妇女的工种或者岗位外，不得以性别为由拒绝录用妇女或者提高对妇女的录用标准。

用人单位录用女职工，不得在劳动合同中规定限制女职工结婚、生育的内容。

第六十二条 违反本法规定，实施就业歧视的，劳动者可以向人民法院提起诉讼。

大学生在平等就业权受到侵害时，应该及时收集证据，主动向人民法院提起诉讼，善于用法律途径保障自身合法权益。

（二）如何防范求职风险

大学生在求职过程中可以采取以下措施来防范风险：

（1）了解各类求职陷阱。通过各种渠道了解常见的求职陷阱，如虚假招聘、收取押金、扣留证件、传销陷阱等，提高警惕性。

（2）核实企业信息。通过企业官网、招聘网站、社交媒体等途径核实企业信息，查看企业是否具有相关证照。

（3）保护个人信息。在求职过程中注意保护个人信息，不要轻易将姓名、身份证号、家庭住址、电话号码等信息透露给不熟悉的企业或个人。

（4）谨慎签订劳动合同。在签订合同前认真阅读合同内容，特别是与工作内容、报酬、福利待遇、工作时间、保险等相关的条款，不明确的地方应与企业协商解决。

(5)提高自身素质和能力。注重提升专业技能、沟通能力、团队合作等素质和能力,有助于在求职过程中脱颖而出,更好地适应职场环境。

(6)选择正规求职渠道。谨慎选择求职渠道,甄别虚假招聘信息,使用正规的招聘网站、招聘会等。

(7)运用法律维护就业权益。了解相关法律法规和政策,如《劳动法》《劳动合同法》等,以便在遭遇求职陷阱时能够依法维权。

(8)寻求帮助和支持。遇到问题时向老师、同学、家人等寻求建议和帮助,并关注就业市场的动态和趋势。

(9)增强自我保护意识。提高自我防范能力,注意保护个人信息和财产安全。

(10)建立良好的职业规划。明确自己的职业目标和方向,根据兴趣和能力选择就业岗位,注重个人能力和素质的提升。

求职者如何保护个人信息

1.投简历时最好注册个人简历专用邮箱;有条件的毕业生可以准备一个对外联系的专用手机号码。

2.广泛发送的个人简历无须把家庭具体地址和父母详细信息写上。

3.应对各类证件(如身份证、户口本等)的复印件进行标注,以防被不法分子利用。

第八章 角色适应与转变

大学毕业生掌握了知识和技能,满怀信心和希望,离开校园,走入社会,开始自己的新生活,这无疑是人生道路上的一个重要节点,同时,也是对其学识和才能的一次考查和检验。在这段时间,毕业生不仅将经历从学校到职场的环境的转变,而且还有随之而来的社会角色的变化。他们面对的不再是简单平静的校园生活,可能是纷繁复杂的社会环境、重复单调的工作任务、充满竞争的同事关系,等等。在这个人生的重要节点,毕业生通常会表现出不同程度的不适应,甚至会困惑茫然、失望、受挫。心理学研究认为,人们长期生活在相对稳定的环境中,就会形成与之相适应的生活习惯、心理定式和行为模式。而一旦进入新的环境,原有的习惯定式便会产生惯性作用,从而影响对新环境的适应。大学生结束校园生活,步入职业社会后,这种惯性作用很可能会在新的环境中持续相当长的一段时间。高校毕业生在走向工作岗位以后又频繁离职的"闪辞"现象,大多是因为惯性作用下毕业生对组织环境及工作角色的不适应。这不仅给用人单位造成了很大的损失,也会对新就业的大学生产生一种负面影响。大学生的职业适应是指大学毕业生在自我认知和社会生活的基础上,不断调整和改变自己的观念、态度、习惯、行为等,以适应社会的要求和变化。任何社会生活中的个体,都要经过对复杂的社会环境、社会文化和社会规范的观察、认知、领悟、认同、内化等一系列的学习和实践过程，才能逐渐适应社会生活。适应的实质，就是大学生由学生向职业人的转变。大学生职业适应期的长短，直接影响着大学毕业生的成长发展和人生价值的实现，也是大学生职业生涯早期阶段的主要任务。

第一节　从学生向职业人转变

每位学生从学校走向职场，都要经历职场适应期，也就是我们通常所说的角色转变。这里的角色是指人在社会中拥有的身份、地位以及由此决定的行为方式和规范。有的学生在短期内不能适应职场环境，不能很快进行角色转变，在很多时候表现得比较“学生气”，不能称之为真正的职场人士。

一、学生与职业人的区别

（一）角色的定位不同

学生角色的定位是指学生在国家的支持和家庭的资助下，学习知识、培养能力、全面提高自身素质，努力成长为符合社会需要的合格人才。学生阶段，是增长知识、发展智力、求学成才的关键阶段，大学生的中心任务是努力学习以专业知识为主的多方面知识，培养以专业能力为主的各种能力。

职业人角色的定位是指人们在某一职位上，以特定的身份，依靠自身知识和能力并按照一定的规范具体地开展工作，在行使职权、履行义务、为社会作出贡献的同时取得相应的报酬。职业人角色的扮演者往往具有一定的基础知识和业务能力,能遵守相应的职业规范,履行一定的义务,并且能够实现经济上的独立。

(二)承担的责任不同

学生以学习、探索为主要任务。在学习阶段,很多有利于成长的事情都可以去尝试,哪怕是没有做好,也不会造成太大影响,不用承担过多的社会责任。绝大多数学生在学习方面可以依靠老师,在生活方面可以依靠父母,基本没有生活上的负担。

职业人则必须充分履行岗位职责。如果在工作中犯了错误,职业人需要独立地承担相应的责任。

(三)面对的环境不同

学生在校园里基本上是寝室—教室—食堂三点一线的简单生活。学习时间可弹性安排,有较多的节假日,教学大纲提供清晰的学习任务,学术研究上多鼓励以知识为导向的师生自由讨论,这样单纯的校园文化气氛使学生可以相对自由。

职业人面对的是快速的生活节奏,严格的上下班时间,不能迟到早退,可能经常需要加班加点,工作任务急且重,大多数工作都没有寒暑假,可自由支配的时间少,人际关系也相对复杂。

除此之外,学生和职业人的身份在其他方面也有很大区别:第一,两者所需要的技能不同。学生所需要的技能主要是良好的记忆力和逻辑思维能力,而职业人要想把工作做好,则需要更多的综合技能。第二,工作方法不同。学生学习基本是独立的个人行为,每位学生为自己的成绩负责,而职业人则会更多地面对团队合作。

这些区别会使部分学生在进入职场后不能得心应手,从而造成一定的心理负担。因此，大学毕业生只有在深刻认识大学生与职业人的区别之后，才能更快地完成自己的角色转变，快速融入新的环境。

一个刚毕业的大学生，由于经验不足，能力欠缺，在工作中出现了失误，受到上级的严厉批评，他很不开心，没心思工作。

有人问他："你为什么不开心？"

他说："经理骂我了。"

又问："你是不是工作没做好？"

答："即便工作没做好，他也不应该对我这样态度恶劣，我长这么大，我爸妈都没对我这么大声喊过！"

问："那你希望怎么样？"

答："我希望我下次再犯错误时，他的态度能好点。"

案例分析：简单分析这位大学生说的话，有几个暗含的意思。①我出错是难免的；②我以后还会出错；③在我出错时，要改的是经理，不是我，他应该提高管理艺术。想一想，这位大学生有这样的想法，下次在做同样的工作时就可能再犯同样的错误，那上级对他的态度会更好一些，还是会更严厉一些呢？职业人正确的态度应该是："今天我工作出错了，上级严厉地批评了我，我很不开心，但是，我下次一定把事情做好。"得出的结论就是：职业人必须先"给"，否则就什么也"要"不到。

二、转变的内容

在踏上工作岗位后，每个人都是社会机器上的一颗螺丝钉，应学会尽快适应这个新身份,使自己成为一名真正的职业人。

(一)心态上的转变

首先,要从个体意识向团队合作意识转变。在学校,大学生主要以个体为主进行学习和探索,而职业人在工作中则大部分以团队合作为主。因此,大学生在学校应该抓住团队合作的机会,积极参加各种团队实践活动,比如各类创新创业大赛、寒暑假的社会实践活动、日常的素质拓展活动等,通过大量课余活动来培养团队合作意识和能力。

其次,要以平和的心态看待工作和生活。生活、工作并不是一帆风顺的,往往充满曲折。正如马克思主义哲学所认为的,事物的发展是曲折与前进的统一。当职业人面对上级的尖锐批评、同事的激烈竞争、工作的复杂烦琐以及家庭生活的巨大压力时,需要有一颗平常心。当遇到挫折时,不要气馁,当成功时,不要骄傲,坚持把工作做好,不要让情绪影响工作生活,做到锐气藏于胸,和气露于面,才气现于行,高调做事,低调做人。

(二)性格上的转变

在大学校园里,大学生基本可以充分张扬个性,随性做自己想做的事,这就容易养成过分张扬、放荡不羁、无拘无束的性格。在工作中,则需要遵循严格的职场规则,不能一味率性而为。在职场中,大学生应该注意言语和善,行为礼仪得体,凡事要三思而后行,尽量少说多听,认真思索后再一语中的。开朗的性格也很重要,因为工作环境不是孤立的,需要和上级、同事进行各种交流。最重要的是认真细致、准时出色地完成工作任务。

(三)思维上的转变

大学生在学校主要以学习书本知识为主,缺乏实践,因此,很多知识均停留在理论阶段，不能灵活运用，这与职场需要的实操技能存在一定矛盾。进入工作岗位后，需要进一步改变思维，不能生搬硬套死知识，必须联系生活实际，深入思考，把知识用到实际中去，这样才能真正驾驭知识，使之成为一项安身立命的技能。

（四）行动上的转变

大学生的行动力，或者说执行力相对较弱，这是入职后要重点解决的问题之一。大多数情况下，用人单位需要的不是思想家，而是实干家。所以，大学生要改变在校时高谈阔论、喜欢争辩的行为模式，把自己培养成一个行动高手。

（五）能力上的转变

大学生入职后，经常会面对工作内容和大学所学不一致的情况，或者说学校所学的内容不能满足工作需求。这就需要大学生在入职后利用业余时间多学习，提高自己的能力，成长为一个令人敬佩的职场高手。

学生和职业人的不同

学生	职业人
宏大的人生理想	现实的职业理想
单纯的学生	成熟的职员
相对单纯的人际关系	较为复杂的人际关系
系统的理论学习	多方位的实际应用
散漫的校园生活	紧张的工作模式
浮躁的心态	逐步理性化
家长的呵护	自己保护自己

● 小L入职不久，便感到目前的工作与他刚开始进入公司时的判断不一样，认为自身的才干没有得到发挥，每天重复做一些简单、单调的工作，跟同事相比落差很大，工作中经常出错，同时感到主管也不重视自己。因为高度认同公司的文化，他想继续留在公司，但面对目前的情况，他又不知道该怎么办。

案例分析：

刚走出校园的大学生，大都有着“海阔凭鱼跃，天高任鸟飞”的美好预期。然而，职场新人普遍都会遭遇“蘑菇期”，比如往往被安排在基层部门，干着打杂跑腿的工作，有时会觉得得不到必要的指导，感觉自己在“阴暗”的角落里自生自灭，有时还会面临批评、指责。

面对职场“蘑菇期”，大家应先调整心态，正视、接受现实，恰当地评估自己，放低姿态，一切从零开始，完成从学生到职业人的角色转变：①做好岗前准备，迎接新的挑战；②树立信心，相信天生我材必有用；③合理定位，做好自身职业规划；④更新观念，顺应变化；⑤脚踏实地，做好艰苦创业的准备；⑥调整心态，提高受挫力；⑦精心准备，塑造良好的职业形象。只有正确认识自我，学会接受自我，摆正心态，积极调整，直面职场困惑，提升自身能力，不断积累经验，才能顺利完成从“学校人”到“职业人”的转变。

● 小张是刚刚毕业的大学生，毕业前他在一家国企实习，实习期结束后，企业愿意留用小张。本来这是个好消息，但是小张却认为这份工作很枯燥，每天就做着一些简单、重复的工作，觉得自身各项能力没有得到发挥，心理落差较大。由于这段时间他一直在备考公务员，因此和同事之间很少沟通，偶然一次在工作中出现疏忽，其他同事就向领导反映他工作不认真，他得知后觉得领导不重视他，周围同事不好相处，便辞去了这份工作。辞去工作后，小张心里很苦闷，最终找到就业指导人员寻求帮助。

案例分析：

从大学生成为职业人，每一位毕业生都需要经历比较大的角色转变。大学毕业生应先调整心态，正视、接纳现实，恰当地评价自己，放低姿态，一切从零开始。

首先，适当调节心理预期。心理预期过高可能会导致理想与现实之间的巨大差距，这种差距会增加内心的失落感。因此要多给自己积极的暗示，学会耐得住寂寞，多听、多看、多学。

其次，放低姿态，从基础工作做起，不断积累工作经验。对于新人来说，在职场的每一种经历都是很好的学习机会，都有助于自己的成长。要牢记“三人行，必有我师焉”，虚心向同事们学习工作经验，尽快熟悉自己工作岗位的业务知识，结合实际工作将自己所学知识灵活运用，不断积累各种工作经验。只有这样，才能尽快适应新环境，提高工作效率，创造自己的工作业绩。

再次，学会主动与人沟通。小张认为领导不重视他，其实往往是他没有与领导主动、有效沟通。沟通时，要本着实事求是、诚心待人的态度，提高沟通的主动性，缩短与周围同事之间的距离。同时要克制情绪，工作中出现错误时，应主动承担责任。多与领导、同事沟通有助于增进互相理解，改善人际关系，更好地适应工作环境。

最后，不断锐意进取。刚离开校园踏上工作岗位，毕业生往往会忽视学习，总感觉学习是学生时代的义务，这是非常不可取的。想要将自己锻炼成才，必须要在社会这个大熔炉里锻造，只有不断探索新的方法，不断地给自己“充电”，才能适应瞬息万变的社会。

第二节　如何快速融入新环境

从校园走向职场后，一般都需要经历一个过渡期。刚刚走上工作岗位的大学毕业生，由相对单纯的校园踏入较为复杂的社会，难免会产生惶恐和不适应。对于很多刚刚进入社会、走上工作岗位的毕业生来说，如何快速融入新的环境，如何快速地适应自己的工作岗位是必须要面对的问题。克服诸多不适应，积极主动地适应新的工作环境，对于大学毕业生顺利度过适应期和以后的迅速成长具有重要意义。

一、大学生初入社会面临的各种困境

(一)心理上的不适应

1. 自卑心理

初入职场有自卑感是一种正常的心理反应。一方面,从自己熟悉的校园环境进入陌生的职场环境,面对自己不熟悉的领域和工作,可能产生自卑感;另一方面,期待与现实的落差也可能导致自卑感的产生。

小C在学校时是一个积极上进、受人喜爱的活跃分子,毕业后在互联网公司做着自己特别想做的策划工作。可就在毕业的短短半年里,他遭遇了前所未有的自卑。身边的同事出活快、效率高,而自己出一份策划要比别人多花一倍的时间;做方案跟客户沟通时,自己反应总比其他同事慢半拍;每天醒来要去上班,特别害怕,害怕说错话,害怕做错事被领导批评……小C越来越陷入一种感觉自己要坚持不下去的循环中,甚至连身边的同事随口说一句话,他都觉得是在嘲笑自己能力不行。

2. 失望心理

不少毕业生在步入职场后会产生失望心理。失望看似是消极的,但若化压力为动力,积极调整,则可减轻这种心理的影响。如有些毕业生在产生失望心理后,经过积极调整,抛弃了原来的观念,选择了新的目标。

小李刚参加工作时的言行很能体现出失望心理。他说:“我参加工作两个多月了,可就是不能融入新的环境。同事每天都指使我做这做那,工作也不像我想象得那样刺激,每天就是写材料、做文案,还有吃饭、睡觉、看报纸,太枯燥乏味了,我对未来都失去信心了。”

3. 紧张焦虑心理

焦虑是由紧张、不安、焦急、忧虑、恐惧等感受交织而成的情绪状态。绝大多数大学生在择业和工作过程中,都会或多或少地出现焦虑。如为能否找到理想单位而焦虑,恋人们为不能继续在一起而发愁,还有一些大学生优柔寡断,为不知自己毕业后去向何处而焦虑,也有一些大学生因不能适应工作环境而焦虑。大学生的上述焦虑状态一般不会对生活造成太大影响,但如果焦虑不能得到及时缓解,就有可能向病态发展,表现出情绪紧张、身心疲倦、失眠等症状。

小 W 在一家公司从事培训工作,与在校所学专业完全不沾边,读书时也从未接触过类似工作,这让他工作起来很吃力。面对完全陌生的领域,小 W 说自己是摸着石头过河,每天小心翼翼,怕出错,连睡觉都梦到

自己被投诉或被老板骂。一次培训前，小 W 安排会议室时，由于疏忽，竟然将培训跟一个重要会议安排在了同一会议室，导致培训紧急转移地点，遭到领导批评。当他一人坐在空荡荡的培训室，想起工作以来的点点滴滴，忍不住流下了眼泪，他想，辞职算了。

4. 依赖和逃避心理

依赖心理在求职择业中主要表现出三种倾向：一种是依赖大多数的从众心理，自己缺乏独立的见解，不是根据自己的实际性情况作出切合实际的选择，而是人云亦云，见别人都去大城市、大机关，自己也跟着凑热闹；另一种是依赖政策、依赖他人的倾向，不是主动选择，积极竞争，而是觉得反正国家有保底，反正学校要落实就业率；三是依赖父母，依靠家长给自己规划等。这些心态与竞争激烈的社会现实格格不入。

5. 盲目自信心理

不少大学生盲目自信，对自己没有清醒的认识，过分高看自己，认为自己水平高，理应承担更大的职责，理应受到领导的重视和同事的尊重，缺乏必要的谦虚精神，在实际办事中不谨慎，很容易给人办事没轻没重、不牢靠的感觉，到头来还是影响了自己的发展。

小吴从某知名大学会计系毕业后入职了一家公司。与她同时进公司的同事要么学历没她高，要么学的专业没她好，这使她产生了较强的优越感。当领导要她从最基础的工作做起时，她觉得以她的条件，实在是大材小用了。一次，在计算收益时她把一笔投资存款的利息重复计算了两次，虽然最后没有造成实际损失，但整个公司的财务计划却被全部打乱了。事后，小吴也很不在乎，觉得就像做错了一道数学题，改过来，下次注意就是了。可这种态度让主管很不放心，以后有什么重要的工作，总找借口把她"晾"在外面。

6. 急功近利心理

有些同学在择业时过分看重地位，过分看重实惠，一心只想去大城市、进大机关，去沿海发达地区，到挣钱多、待遇好的单位，甚至为了暂时的功利宁可抛弃自己的兴趣和专业——"宁要城市一张床，不要乡镇一座房"。这种心理可能会得到一些眼前的利益，但从长远发展看并非明智的选择。有些同学在工作中好攀比，不比奉献，比个人收入，不看自己为公司创造了多少效益，却总是以自我为中心，讲待遇，讲报酬，甚至为了星星点点的个人利益出卖商业机密，其结果必然是欲速则不达，反而影响了自己的形象和职业发展 。

（二）工作上的不适应

1. 缺乏实践动手能力

绝大部分应届毕业生都是初入社会，有热情，有发展潜力，但他们对社会认知较少，缺少工作经验，特别是缺乏实践动手能力，到单位后不能很快进入工作状态，短时间内难以创造效益，需要一个成长的过程。

2. 欠缺吃苦耐劳精神

近几年用人单位普遍反馈毕业生缺乏吃苦耐劳的精神。主要表现为不愿意“挑担子”，对工作中的困难和问题不积极处理，工作中不钻研，极个别毕业生总讲条件不讲奉献，并且生活自理能力差。

3. 难以适应单位相对严格的规章制度

有些毕业生习惯了大学校园相对自由的时间安排，难以适应单位的规章制度，这很可能给单位留下自由散漫、责任心差的印象，也会影响自己的职业发展。

小张刚刚进入某国有企业实习，自由散漫的她对公司严格的规章制度很不适应。因为边干活边玩手机，办公室主任说了她好几次，她却不以为意。上班迟到了几次，她也满不在乎，结果实习不到一个月，公司就请她走人了。公司这样评价她：“不仅自由散漫，经常迟到早退，而且布置的任务能拖就拖，一到下班时间，她扔下手里没干完的活，走得比谁都快。”本来公司还很欣赏她的专业能力，但无组织无纪律的工作态度让公司最终没有录用她。

（三）人际关系困扰

大学毕业生由于初涉人世，在人际关系处理上面临着一些问题。

有的毕业生自视才高，不屑于与别人交往，有的毕业生过于相信自己的能力，而忽视与他人的配合，结果一方面导致事倍功半，另一方面会引来他人的“另眼看待”。有个别毕业生贪图小利，加上利益的诱惑，甚至做出卖公司利益的行为，忽略了个人利益和集体利益的关系。

● 小王在工作中过于心直口快,遇到不满意的事就抱怨他人和单位领导,结果和同事、领导的关系都弄得很僵,见面很别扭,最后严重到要辞职。

● 一家企业招募到一名名牌大学的毕业生小陈,可是,这位大学毕业生却时时处处流露出一种优越感,不屑于与同事们平等合作,结果致使一个重要的课题研究工作最终搁浅,这件事让单位领导和同事对他极其不满,最后他不得不离开公司。

● 某高校国际经济与贸易专业的毕业生在广州一家高档时钟公司做销售,他的主要工作是和国外客户洽谈业务,但他为了几千块钱的回扣却将公司的一个客户转到公司的对手企业,致使公司损失了几十万元,事情败露后公司报警,等待他的将是法律的制裁。

(四)生活节奏改变

毕业生习惯于学校的生活习惯、居住环境等,对工作地区的地理环境、生活习惯包括饮食习惯、生活作息等都可能不适应。

小刚在学校是个好学生，学习不错，成绩优秀。可是，自从来到公司后，他一直觉得虽然业务不难学，但是工作担子太重，累得喘不上气来。原来自己最喜欢的电脑也变得不可爱了。整天坐在电脑前进行“人机对话”，通过键盘把自己想说的“话”输入给电脑，电脑通过显示屏把自己的劳动成果输出给自己，没有表情、没有微笑。整天长时间坐在计算机桌前，两眼直视着屏幕，双手不停地敲击键盘，工作枯燥，而且饮食不规律、睡眠质量不高，腰酸背痛、筋疲力尽，工作激情渐渐消退。

二、大学生初入新环境面临各种困境的原因分析

（一）对学生角色与职业角色的差异认识不清

不少大学生从院校步入社会后，对学生角色和职业角色的差异认识不清，在工作中思维方式、行为方式、处世方式未摆脱学生气，与职业角色要求的社会义务和社会规范有很大差异，很可能导致心理、工作、人际关系处理方面出现偏差。学生角色的社会权利主要是依法接受教育，并享有经济保障或资助；职业角色则是依法行使职权，开展工作，并在履行义务的同时取得报酬。学生角色的社会义务（即社会责任）是努力吸取知识，德、智、体、美、劳全面发展，掌握在社会主义建设浪潮中奋勇搏击的本领；职业角色的义务，则是以特定的身份去履行自己的职责，依靠自己的本领或技能去为社会服务，完成工作。

（二）缺少社会经验，独立处理问题的经验较少

不少毕业生虽然参加了工作，但潜意识里仍把自己当学生，还未完成角色转变，且不少年轻人心态浮躁，急于出成绩，耐不住寂寞，尽管在职业初期有理想抱负，但光想成就大事业，沉不住气，总是急功近利，遭遇一点挫折又灰心丧气。

（三）不能客观地分析自我

良好的自我认识是指人们应该对自己有一个全面恰当的认识，既了解自己的理想、价值，同时也了解自己的特质，即个人的气质类型、兴趣爱好、能力倾向等。拥有良好的自我认知，就可以在选择职业时选择那些符合自己的价值观需要、与自己的个性品质及能力相适应的工作，在工作中更有效地发挥个人潜能，实现自我价值。

不少大学毕业生由于缺乏社会历练，不能从更广更深的角度去认识、评价自己，自我认识往往或高于或低于实际的自我或别人的评价，这种自我认识的偏差，在工作中可能表现为缺乏自信或者过于自傲。因此，即将走上工作岗位的大学生对自己要有一个正确的认识，要了解自身的性格、兴趣、能力等个性心理特征，对自己有一个实事求是的评价，这样才能在工作中将良好的主观愿望与客观的实际情况结合起来，实现自己的理想。

（四）不能正视社会现实，缺乏社会适应能力

面对日益严峻的就业形势，大学生如果不能正视社会现实，不能了解就业形势，不能根据现实设定自己的社会位置，就会盲目乐观或悲观，只有知己知彼，才能从实际出发，早日适应社会。

不要看企业“浑身是毛病”

小惠毕业后，来到一家中型企业工作，在同学中，算是就业较早。刚开始工作时，她热情百倍、十分自豪。可是没过几天，就开始不喜欢这个企业了，觉得它与自己理想中的企业相差太远，好多事情都与自己设想得不一样。说管理正规吧，自己看还有好多漏洞，说不正规吧，劳动纪律抓得又太严，自己觉得很不舒服。于是，她常与一个同来的伙伴发牢骚。不知怎么这些话就传到上司耳朵里了，还没等到小惠对这个企业真正有所认识，就被炒了鱿鱼。开始小惠还满不在乎，觉得反正自己也没看好这个企业，走了无所谓，可是，当她再次在求职大军中奔波了三个月，还没找到好于这样“浑身是毛病”的企业的时候，她心中才感到有些后悔，心想如果下次再有这样的企业接纳自己，一定接受教训，好好干。

案例分析：

很多新人在进入公司后，可能会分到一些自己不擅长的工作，再加上新人会用学生的眼光看待企业，接受不了企业的规章制度，又或者用书本上学到的管理知识来套企业现状，这些都可能使新人心态变坏，没有耐心去了解企业。如果一上班就看到企业这里不好、那里不足，就看到上司太严厉、同事不热情，还忍不住说出来，不仅会与企业和同事格格不入，也会导致用人单位的不满，甚至被解雇。

转型需要时间，与企业的磨合需要时间，积累经验也需要时间，具备竞争力同样需要时间。企业会给新人时间和机会，但自己不能以此为借口，而是要积极努力，从浮躁的心态中走出来，快速成长，尽快符合企业要求，这是理性化的成熟表现。既然选择了远方，就只顾风雨兼程，义无反顾，要学会在苦差事中潜水，学会在生活中成长。适应，将使人生获得机遇；努力，将使自己有所作为！

三、大学生融入职场的策略

(一)注重第一印象

良好的第一印象是成功的职业形象的开端,在职业生涯中的作用是至关重要的。

1. 仪表端庄

端庄的仪表会给人良好的第一印象。初到工作单位,要注意穿着打扮,要穿着符合自己的经济状况和身份的服装,注意清洁卫生,始终保持积极向上的良好形象。男生穿得太随意、女生穿得太暴露都不会给人留下良好的第一印象。

2. 谦虚谨慎

对于刚毕业的大学生来说,最忌讳的是自认为学问多、学历高,高傲自大。要注意在同事面前举止文明,落落大方,对自己的介绍要简单明了、实事求是,切忌夸大其词、冒失莽撞。对一些新问题、新情况,要虚心向老同志、老师傅请教,学习他们的好方法、好经验。谦虚的品格会给人留下良好的第一印象,会使自己在业务上和其他各个方面很快成长。

3. 诚实守信

自觉遵守单位的作息时间和其他规章制度,讲求信用,是获得用人单位肯定的前提。大学生在岗位中诚实守信,是爱岗敬业的表现,也是团结同事、尊敬同事的表现,可以树立良好的形象,赢得别人的信赖和尊敬。

总而言之,良好的第一印象是由内在品质和相应技巧共同作用而形成的。尽管它具有暂时性和表浅性的特征,但却有利于大学生走上工作岗位后在单位站稳脚跟，让自己尽快融入集体当中，有利于工作顺利开展。当然，我们不能仅仅满足于良好的第一印象，更应当通过长期努力，以自己良好的内在品质、正直的处世风格和出色的工作成绩去建立长期的良好形象。

（二）建立和谐的人际关系

大学毕业生初到工作岗位，要通过自身的努力处理好同事之间的合作关系和与领导之间的上下级关系，建立和谐的人际关系。

1.提高自身素质，培养自身能力

刚刚走上工作岗位的大学生，首先应当努力钻研业务知识，提高自己的业务能力，以求尽快适应工作环境，认清工作性质，熟悉工作程序，取得良好业绩。这是赢得同事赞誉和领导信任的基本条件，也是建立和谐人际关系的基本前提。毕业生在工作岗位上要勤于学习、谦虚踏实，不要自以为是。

2.主动随和，心胸宽广

大学毕业生在工作单位的日常交往中，首先，要谦逊随和，不故步自封，这样才会给人一种容易亲近的感觉，让别人愿意和自己交往，也只有这样才能获得各种业务知识，以人之长补己之短，才能扩大视野，增长见识，不断提高自身素质。其次，要严于律己，以各种道德规范和行为准则严格要求自己；要宽以待人，对人宽容大度，多一些理解和谅解，而不斤斤计较。只要心胸宽广，坚持以严格的规范要求自己，以宽厚的态度对待别人，就一定会建立起和谐的人际关系。

3.尊重上级，服从安排

作为下级的大学毕业生要尊重领导，自觉地服从工作安排，力争圆满完成领导交办的任务。对于确实难以完成的任务，或者领导的不足，尽量不要当众指出，可私下向领导单独提出，以获得更好的解决方法。

（三）积极适应职业角色

从一个角色到另一个角色，有些不适应是很正常的，但关键是以什么样的姿态来应对这种不适应。事实证明，不同的态度会有不同结果，态度积极就会更容易取得良好的效果。

1. 立足工作岗位，树立团队意识

不少大学毕业生的协作精神和团队意识远远不能满足职业的要求。大学毕业生应当树立强烈的团队意识，形成职业观念。一个大型工程的建设、一项科研项目的完成、一个生产过程的组织与管理，单靠某个人的力量是不够的，必须是几个、几十个甚至成百上千个人共同劳动、互相配合、相互协作才能完成。这就要求每一个成员都要有团结协作的团队意识，从整体利益出发，个人利益服从整体利益，顾全大局，并建立和谐的人际关系，创建一个友好的合作氛围。

2. 坚持学习求教，不断完善自我

虽然大学毕业生已经获得了比较扎实的基础知识和专业知识，但是对社会角色的适应亦是一个需要不断学习的循序渐进的过程。初到工作岗位，自身的知识量不一定足够大、知识结构并不一定合理，因此大学生要根据职业的特点、性质与工作程序及其相互关系，不断学习新知识，增强自身素质和能力，提高工作技能和业务水平。随着知识经济时代的到来，知识更新的步伐加快，毕业生只有不断地更新知识，开阔视野，才能适应新的形势。

除了根据自身情况需要补充和学习必需的专业知识外，毕业生还要在实际工作中注意培养自己踏实稳健的工作作风，在工作中要知难而进、迎难而上，不断培养和提高自信心和意志力，同时在工作中要善于观察、勤于思考，培养自己独立开展工作的能力，更好地承担职业使命。

小萌在大学期间学的是新闻专业，毕业后成功竞聘到一家私营单位任行政助理。从进入公司开始，小萌手边总是放着一支笔和一个记录工作内容的本子，她说："好记性不如烂笔头。进入新的工作环境，有很多是我不了解的，随时记下领导交给我的任务，即使有不明白的地方，在第一时间写下来也方便日后向他人请教，补充自己的业务知识。"她还勤于观察别的行政助理都在做什么，在点滴中积累着自己的经验，慢慢心里就有了谱。

一天，总经理到行政部了解工作情况，因为行政经理不在，所有的行政助理都默不作声，怕说错话，气氛有点尴尬。小萌勇敢地站起来说："我们行政部……"把经理如何领导大家团结一致，完成上级交办的几件大事说得清清楚楚。尽管小萌只谈到经理和其他老员工如何帮助自己成长，但是从介绍中，总经理已经感觉到这个外表还有些稚嫩的小女孩，已经对行政工作很专业了。

三个月后，小萌填写了转正申请，成为该公司的正式一员，而且，总经理已经有了培养她做行政经理助理的想法。

案例分析：

企业在对新人的专业技能有所要求的同时，都非常看重新人的综合素质、职业道德，尤其是为人处世等方面。新人经验没有那么丰富，不可能像老员工那样特别熟悉做事的流程。因此，谦虚有礼，常向老员工请教成了新人胜任工作的不二法门。新人不但要完成好自己分内的每一项工作，脚踏实地地从小事做起、从基层做起，还要尝试自己不擅长的事情，让领导和同事发现你的潜质和培养价值。

第三节　良好的工作态度及行为

毕业生要想适应职场环境，就必须具备明确的工作目标和强烈的责任心，带着激情去工作，踏实、有效率地完成自己的本职工作。工作态度很大程度上能够决定一个人的工作成果，有良好的态度才有可能塑造一个值得信赖的形象，获得同事、上司及客户的信任。

一、积极投身社会，规划自己的职业适应期

（一）脚踏实地，做好本职工作

职场新人的核心任务是提升能力，如果学不到知识，就不要轻易离开。很多成功的职场人士的第一份工作往往会坚持 2 年以上，他们利用职场适应期提升软技能，包含沟通能力、适应能力、问题解决能力、自学能力、总结能力等。

（二）打开局面，融洽合群，提高逆商，体现自己的价值

职场新人尽可能高效地完成工作，积极主动，多承担责任，不但能更快

速地提升自己，也能迅速打开局面，获得同事和领导的认可。在工作中应注重培养自己的逆商。逆商是指人们面对逆境时的反应方式，即面对挫折、摆脱困境和超越困难的能力，比如领导批评自己时毫不留面子，带给自己很大压力，此时可换个角度看问题，或许严师可以出高徒呢！

（三）重视自我发展，把握机会，展现自我

职场新人应学会恰当表现自己，展现职场新人的优点：勤快、踏实、好学。勤快是指行动及时，先完成领导交办的任务，再完成老同事交办的任务，按时完成所有任务；踏实表现在不挑拣，干活有始有终，且圆满完成；好学体现在积极通过多种渠道学习工作中需要掌握的技能。

二、明晰角色，正确处理与领导、同事的关系

（一）了解工作岗位对职业角色的期望

任何一种职业，都有一定的职业要求和规范。每个人对于自己将从事的职业要有强烈的责任感和事业心，做到遵守岗位职责，讲求职业道德。初入社会的毕业生要了解岗位特点，从而扮演好自己的职业角色。例如，机关工作人员要求言谈举止比较庄重，营销人员要求性格外向、擅长与人沟通等。

（二）了解领导对下属的期望

一个乐队，只有服从指挥，才能成功演奏。在工作中应正确处理领导与被领导的关系，尽职尽责地完成领导安排的工作任务，努力发挥个人专长，为企业创造效益。如在工作中与领导发生分歧，要用恰当的方式方法发表

个人的见解和建议,冷静理智地按岗位规范约束自己,以踏踏实实的工作赢得领导的信任和理解。

(三)明了同事对新共事者的期望

“三人行,则必有我师。”刚参加工作的毕业生应该谦虚谨慎、尊重同事。不论对年长者还是年轻人,上级还是下级,都应该保持谦虚谨慎的态度,切不可给人留下肤浅的感觉。要赢得同事的信任,得到同事的帮助和支持,应该从小事做起,从本岗位做起,要不怕苦、不怕累,苦活累活抢着干。眼高手低、自命清高、不做实事在现实生活中是行不通的。

关键时刻,巧得高分

毕业后,王帅来到一家房地产公司上班,就职于策划部。对于这个来之不易的工作机会,王帅格外珍惜,认真学习房地产策划职位需要具备的各种知识,平时注意观察“前辈”的工作风格和策划方法,做事也很谨慎,性格开朗、敢说敢为的他静下心来耐心学习,全身心地投入工作。领导安排的工作,他都保质保量地完成,在策划的讨论中对“前辈”提出的观点总是认真听,仔细想,轻易不发表不成熟的观点。

一天,有个策划项目引起大家的争论,各自观点不一,这时,王帅想起在学校里,老师讲过一个与这个策划相近的例子,而且,在实习期间,他还向一个资深的策划师请教过类似的问题,自己也反复斟酌过。想到这里,王帅头一次大胆发表了自己的见解,而且,一鸣惊人,精辟的分析得到大家的赞许，王帅工作以来第一次有了成就感，也增强了信心。

案例分析：

作为职场新人，试用期一般只有1～3个月，在这短短的时间里，不但要加强学习，还要及时地展现自己的能力，否则就可能会被人轻视，甚至不能通过试用期。只有把眼前的工作保住，才有更多的发展机会和成长空间。尽快熟悉自己岗位的业务，在职场中才能适当地“露一手”。在一个可以适当展示能力的场合，适当“作秀”，也让别人清楚自己是有能力胜任这份工作的。但是作秀不能伤害到与同事的关系，要把握好度，做到既不让人反感，又能展现个人的才能。

三、实现五个转变

（一）从个人导向往团队导向转变

个人的成功必须与整体的成功结合才有意义，从个人导向往团队导向转变包括以下几个方面：从重个性转变为重标准；从以个人为衡量标准转变为以集体为衡量标准；从讲独创转变为讲协作；从独行转变为合作。

（二）从情感导向往职业导向转变

情绪化是学生的显著特征之一，这与成熟的职业人的高度理性是不相符的。从情感导向往职业导向转变具体包括以下几个方面：从情感人转变为职业人；从以个人好恶为标准转变为以工作目标为导向；从由情绪左右转变为由职业驱动。

(三)从思维导向往行为导向转变

学习阶段的主要任务是学习知识,更偏向思维训练。成为职业人后,转变也就必不可少了,具体包括以下几个方面:从思维至上转变为产品至上;从想到就行转变为做到才行;从理论家转变为实干家;从注重是非分析转变为注重思考是否合适。

(四)从依托个人资源往依托组织资源转变

学生多以个人导向为主,相应地依托个人的资源来生存和发展,而职业人在组织中活动,依托和利用的资源来自组织。具体来讲,这种转变包括以下几个方面:从利用个人资源转变为依托组织化的资源平台;从独立发展转变为与企业共同发展;从依靠个人转变为依靠企业。

(五)从兴趣导向往责任导向转变

学习阶段兴趣非常重要,而职业人却要秉持“职责所在,义不容辞”的职业精神。这里的转变包括以下几个方面:从以个人利益出发转变为以公司利益出发;从兴趣所在转变为承担责任;从追求成长转变为追求成就。

四、正确总结经验,从经验中再学习

大学毕业生普遍对未来生活充满热烈的憧憬之情和向往之心,对未知的生活往往具有积极的探索之心,这是大学生十分宝贵的精神财富,值得珍视。但对于年纪轻、阅历浅,涉世不深、缺少经验的大学生来说,不断总结经验是尽快适应社会的重要方面。失败是成功之母,失败的教训也可以转变为成功的经验。

大学生初入职场,会碰到挫折甚至局部的失败,这些都不要紧,重要的是必须保持足够的信心和勇气,必须以冷静的头脑来分析遭受挫折的真正原因,并吸取教训,最大限度克服由挫折失败带来的负面影响。大学毕业生对于失败的分析,有正确的一面,也可能有消极的、错误的一面。大学毕业生应该认识到只要专业素质好,有闯劲,有正确的人生态度,并付出不懈的努力,就一定能早日找到适合自己的工作岗位,并在岗位上发挥自己的作用。适应社会的过程是一个学习、适应、继续学习、继续适应的发展过程,大学毕业生应注意对基本生活技能、社会规范、职业技能的学习和再学习,要根据自己从事的职业,完善、补充大学期间所学的知识,从重理论向重实践转变,同时,这个再学习的过程将延续终生。

五、努力保持自我,建立起真正的核心竞争力

大学毕业生的社会适应,就是大学毕业生对社会的一种积极投入,以及与社会的有机融合。这种投入和融合,以承认遵守社会规范和服从现实社会有序要求为基础,但并不应该以完全牺牲自我为代价。

青年学生的就业适应期,既是所学知识与实际需要的落差期、理想与现实的错位期,同时也是各方面能力的发展和提高期。职场新人只有及时提高认识社会和认识自我的能力,尽快度过适应阶段,尽快适应职场环境,并找到适合自己的职业规划,才会不断成长和成熟,才能处变不惊,避免陷入职业困顿,从而迈出前进的步伐,开创新局面。

第四节 学会处理人际关系

人际关系是职业生涯中一个非常重要的课题，良好的人际关系是舒心工作、安心生活的必要条件。在人际交往中，如果没有掌握恰当的方式方法，往往无法拥有和谐、友好的人际关系，既无法得到快乐和满足，也无法给予别人有益的帮助。大学毕业生初入职场，需要尽快学会与人合作、沟通，学会做人、学会做事，以建立良好的人际关系。

一、尊重他人，不自视清高

到了新单位，尽管每个人秉性不同、爱好各异，但他们都可能掌握了某方面丰富的工作经验与娴熟的业务技能。要像尊重老师那样尊重同事，尊重他们的劳动和劳动成果，尊重他们的人格和感情，虚心向他们求教，不自视清高，不妄自尊大。每个人在人格上都是平等的，不要嘲笑和歧视他人，不能以己之长比人之短，不要摆架子，要乐于同大家打成一片，这样才能得到他人的尊重，才容易建立和谐的人际关系。

二、平等待人，不厚此薄彼

同事之间应平等相待，不要以职务的高低、工资的多少来决定对人的态度，不要亲近一部分人，疏远另一部分人，切忌拉帮结派、搞小圈子，要以平等、诚恳的态度待人接物，尽力与所有同事发展平等互助的友好关系。

三、热心助人，不故步自封

热心助人的人更容易得到别人的帮助，也更容易得到人们的认可和赞扬。人是需要关心和帮助的，并且尤其会珍惜在困境中得到的关心和帮助。患难朋友才是真朋友，雪中送炭的人更会得到珍惜。马克思在创立政治经济学时，正是在经济上最贫困的时候。恩格斯经常慷慨解囊，帮助他摆脱经济上的困境，对此，马克思十分感激。当《资本论》出版后，马克思给恩格斯写了一封信表达他的谢意："这件事之所以成为可能，我只有归功于你！没有你对我的牺牲精神，我绝对不能完成那三卷巨著。"两人的友谊长达40年之久。列宁曾盛赞这两位革命导师的友谊"超过了一切古老的传说中最动人的友谊的故事"。帮助别人不一定是物质上的帮助，简单的举手之劳或关怀的话语，就能让别人感动并记住你，从而为自己营造一个更为宽松的人际环境。

四、诚实守信，不贪图虚名

诚实，就是真心实意、实事求是，不三心二意、口是心非，不当面一套、背后一套。诚实是做人的基本要求，也是建立良好的人际关系的重要条件。守信，就是恪守信用、言行一致，不言过其实，不做语言的巨人、行动的矮子。

五、主动随和，不孤陋寡闻

到了新的工作岗位后，应主动与同事交往，乐于同大家打成一片。只有在主动交往中，才能获得各种知识，找出自己的不足，进而扩大自己的知识视野，增长见识，不断提高自身能力。古语有云："两人一般心，有钱堪买金；一人一般心，无钱堪买针。"人与人之间，如果能主动寻找共鸣点，使自己的“固有频率”与别人的“固有频率”相一致，就可能增进友谊，发生同频共振。共鸣点有哪些呢？比如别人的正确观点和行动、有益身心健康的兴趣爱好等，都可以成为交往的共鸣点、支撑点。当别人一帆风顺、取得成就时，你应为其欢呼，为其喜悦；当别人遇到困难、遭遇不幸时，你应把别人的困难、不幸当作自己的困难和不幸……这些都有助于良好人际关系的形成。

六、待人宽容，不心胸狭窄

在工作中要堂堂正正做人，踏踏实实干事。当自己受到委屈或被误解时，要胸怀宽广，克制自己的感情冷静处理，勇于剖析自己，主动担负责任。人与人在频繁接触中难免会出现磕磕碰碰，在这种情况下，学会大度和宽容，就会赢得一个绿色的人际环境。“人非圣贤，孰能无过。”小说《三国演义》中，周瑜是个才华横溢但心胸狭窄的英雄人物，但据史书记载，周瑜不但不是小肚鸡肠，还因为自己的大度宽容而拥有一份好人缘。史书记载，东吴老将程普曾经与周瑜不和，对周瑜很不友好。周瑜不因程普对自己不友好，就以其人之道还治其人之身，而是不抱成见，宽容待之。日子长了，程普了解了周瑜的为人，深受感动，体会到和周瑜交往“若饮醇醪，不觉自醉”。对他人怀有宽容之心，会使周围的人更愿意接近自己，和自己交往时少一些顾忌，也就更容易获得一些真诚的友谊。